会计仿真实训教程

会计电算化实训

会计仿真实训平台项目组 编著

清华大学出版社
北京

内容简介

本书为清华职教在线教学平台配套教材。本书提供了丰富的会计电算化练习题，内容包括会计电算化概述、会计软件的运行环境与应用，以及电子表格软件在会计中的应用等。学习者既可利用纸质教材练习，又可利用线上平台进行练习，从而提高学习效率和学习效果。

本书适合作为职业院校学生作为教材使用，也可供社会读者自学。

图书在版编目(CIP)数据

会计电算化实训/会计仿真实训平台项目组编著. —北京：清华大学出版社，2018
(会计仿真实训教程)
ISBN 978-7-302-49349-5

Ⅰ. ①会…　Ⅱ. ①会…　Ⅲ. ①会计电算化－职业教育－教材　Ⅳ. ①F232

中国版本图书馆 CIP 数据核字(2018)第 014892 号

责任编辑：刘士平
封面设计：毛丽娟
责任校对：袁　芳
责任印制：宋　林

出版发行：清华大学出版社
网　　址：http://www.tup.com.cn，http://www.wqbook.com
地　　址：北京清华大学学研大厦 A 座　　**邮　　编**：100084
社 总 机：010-62770175　　**邮　　购**：010-62786544
投稿与读者服务：010-62776969，c-service@tup.tsinghua.edu.cn
质 量 反 馈：010-62772015，zhiliang@tup.tsinghua.edu.cn
印 装 者：北京嘉实印刷有限公司
经　　销：全国新华书店
开　　本：185mm×260mm　　**印　　张**：9.25　　**字　　数**：215 千字
版　　次：2018 年 10 月第 1 版　　**印　　次**：2018 年 10 月第 1 次印刷
定　　价：58.00 元

产品编号：074166-01

“会计仿真实训教程”编委会

丛 书 序

信息技术的发展正深刻改变着职业教育的教学模式，职业院校的师生迫切需要更加多样化的在线教学平台。“清华职教”(www. qinghuazhijiao. com)是在认真调研、精准把握职业院校课程改革以及在线教学需求的基础上，由清华大学出版社开发的，融虚拟仿真实训、富媒体教学资源、在线过程评测于一体的职业教育理实一体化课程平台。“清华职教”的在线课程除了传统的理论课、考证课之外，最大特色在于利用仿真技术开发的会计实训课。

“清华职教”旨在解决职业院校理论教学与实训教学相脱节、实训教学内容与企业真实业务不匹配的弊端，帮助学生真正提高实务操作技能，快速具备上岗能力。该项目于2014年被批准为新闻出版改革发展项目库入库项目，并获得财政部文化产业发展专项资金支持。

“清华职教”目前上线课程涵盖会计专业的主干实训课程和财经大类的部分理论课程。所有在线课程均与纸质教材相配套，实现了理论课程与实训课程的相互配套，线上仿真实训与线下真账实操的相互融合。

“会计仿真实训教程”系列教材是“清华职教”所开发的13门实训课程的配套实训教材，分别是：出纳实训、纳税实训、审计实训、基础会计实训、财务会计实训、成本会计实训、税务会计实训、会计综合实训、财务管理实训、管理会计实训、会计电算化实训、财务报表分析实训、财经法规与会计职业道德实训。

“清华职教”会计仿真实训平台及配套教材具备以下八个方面的功能与特色。

1. 贴近岗位要求

根据不同会计岗位要求和课程特点，精选典型实训业务，如“出纳实训”除常规的现金、银行等业务仿真操作外，还提供了模拟网银操作；再如“纳税实训”，学生可登录模拟国税和地税局网站进行纳税申报；再如“会计电算化实训”，平台也实现了电算化模拟操作。

2. 虚拟仿真操作

无论是原始凭证、记账凭证还是各类账簿、报表等，全都与真实业务中的最新版本一样，学生不用进入企业实习就可以接触到真实的业务场景和单据，在线进行虚拟仿真操作：填写记账凭证、登记账簿、编制报表、画线、盖章、生成支付密码等。

3. 智能比对答案

学生在线完成实训业务后，点击“提交答案”，如填写有误系统会自动“报错”（以红色块标示）。错误之处可以重新填写，直至答对。学生也可以查看“正确答案”，自主分析错误原因；还可以将填写内容全部清空，然后重新填写，反复实训。

4. 实时反馈成绩

每门实训课程的首页会根据学生实训进度和答题正确率，实时反馈学习成绩，生成综合报告，以便学生整体把握实训成绩。教师也可以在线组建班级，动态跟踪本班全部学员的实训情况。

5. 理实一体开发

实训课程通过“外部课程”链接与理论课程建立关联，充分实现理实一体的设计理念，服务职业院校理实一体化教学。

6. 内容体系科学

实训课程内容在充分体现会计岗位要求的基础上，按照职业院校会计专业的教学计划和课程标准，采用“项目—任务—业务”的编排体系，符合职业教育的教学规律。

7. 课程资源丰富

全部实训任务在线提供 PPT 课件，重难点任务还提供视频和微课讲解。学生实训时可以对照课件和视频，边学习边实训。

8. 线上线下结合

全部 13 门实训课程都配套出版纸质教材，提供仿真单据簿和各类账证表。学生通过教材附赠的序列号即可登录平台进行在线学习与实训，从而实现了线上学习与线下学习的结合，线上实训与手工实操的互补。

“清华职教”会计仿真实训平台的开发和配套教材的出版，是清华大学出版社在互联网教育领域的新尝试，是基于互联网提供会计课程整体解决方案的新做法，我们衷心期待这套产品的使用者给我们提出宝贵的意见和建议，以便我们的创新能够走得更稳；也衷心期待有志于互联网会计教学改革的院校和教师与我们一起，共同开发更符合院校特色专业建设要求的定制平台，共同打造会计教学的新模式。

“清华职教”将努力打造更多样的仿真实训课程、更精品的专业课程资源、更智能的数字学习方式，让教育者不再为缺乏教学资源而苦恼，让学习者真正学到有用的技能，让课堂学习不再与社会需求脱节。

会计仿真实训平台项目组

2017 年 12 月

前言

会计电算化是现代企业财务会计工作的重要手段，会计电算化技能是会计人员必备的基本技能。财政部在《关于大力发展我国会计电算化事业的意见》中指出："会计电算化人才缺乏，是制约我国会计电算化事业进一步发展的关键环节。"为辅助职业教育会计电算化课程教学，提高学生将所学理论知识运用于会计电算化操作的能力，我们编写了《会计电算化实训》一书。本书按照企业会计岗位的电算化要求设计实训项目和任务，素材丰富，资料翔实，实训内容具有实用性和可操作性。通过实训，可以加深学生对会计电算化工作的理解，提高实际操作技能。

本书分为四章：第一章是会计电算化概述相关实训；第二章是会计软件的运行环境相关实训；第三章是会计软件的应用相关实训；第四章是电子表格软件在会计中的应用相关实训。

本书是"清华职教"(www.qinghuazhijiao.com)教学平台配套教材，通过本书及配套实训平台，学生可以实现线下练习和线上实训，从而熟练掌握会计电算化知识和技能。

本书的编写及配套实训平台的开发得到了会计专业教师、企业一线会计人员和教育技术人员的大力帮助，在此深表谢意。由于水平有限，书中难免存在疏漏和不足，恳请读者朋友批评指正。

会计仿真实训平台项目组

2018年6月

目　录

第一章　会计电算化概述 …… 1

第一节　会计电算化的概念及其特征 …… 1

第二节　会计软件的配备方式及其功能模块 …… 11

第三节　企业会计信息化工作规范 …… 18

第二章　会计软件的运行环境 …… 22

第一节　会计软件的硬件环境 …… 22

第二节　会计软件的软件环境 …… 33

第三节　会计软件的网络环境 …… 40

第四节　会计软件的安全 …… 46

第三章　会计软件的应用 …… 57

第一节　会计软件的应用流程 …… 57

第二节　系统级初始化 …… 58

第三节　账务处理模块的应用 …… 63

第四节　固定资产模块的应用 …… 73

第五节　工资管理模块的应用 …… 80

第六节　应收管理模块的应用 …… 84

第七节　应付管理模块的应用 …… 87

第八节　报表管理模块的应用 …… 89

第四章　电子表格软件在会计中的应用 …… 94

第一节　电子表格软件概述 …… 94

第二节　数据的输入与编辑 …… 103

第三节　公式与函数的应用 …… 112

第四节　数据清单及管理分析 …… 126

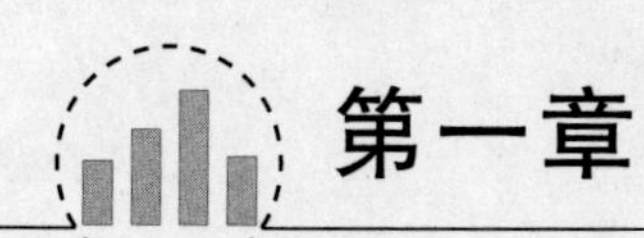

第一章

会计电算化概述

第一节　会计电算化的概念及其特征

一、单选题

1. XBRL 中国地区组织成立的日期是(　　)。

A. 2006 年 7 月

B. 2006 年 8 月

C. 2009 年 4 月

D. 2008 年 11 月

答案：D

解析：2008 年 11 月，XBRL 中国地区组织成立。2005 年 4 月和 2006 年 3 月分别是上海证券交易所和深圳证券交易所先后加入 XBRL 国际组织的时间，2009 年 4 月财政部在《关于全面推进我国会计信息化工作的指导意见》中将 XBRL 纳入会计信息化的标准。

2. ERP 的核心思想是(　　)。

A. 物资资源的管理

B. 人力资源的管理

C. 财务资源的管理

D. 供应链的管理

答案：D

解析：ERP 的核心思想是供应链的管理，强调对整个供应链的有效管理，提高企业配置和使用资源的效率。

3. 会计信息系统根据(　　)划分为会计核算系统、会计管理系统和会计决策支持系统。

A. 信息技术的影响程度

B. 功能和管理层次的高低

C. 对会计数据进行处理的方式

D. 复杂的程度

答案：B

解析：会计信息系统根据其功能和管理层次的高低，可以分为会计核算系统、会计管理系统和会计决策支持系统。

4. 会计信息系统简称(　　)。

A. AIS

B. BIS

C. ALS

D. BLS

答案：A

解析：会计信息系统简称 AIS。

5. 将会计准则与计算机语言结合的最新公认标准和技术语言是(　　)。

A. EML

B. AIS

C. ERP

D. XBRL

答案：D

解析：EML 是可扩展标记语言的简称；AIS 是会计信息系统的简称；ERP 是企业资源计划的简称；XBRL 是可扩展商业报告语言的简称。

6. 下列不属于会计电算化的特点的是(　　)。

A. 人机结合

B. 会计核算自动化、集中化

C. 会计核算主动性

D. 数据处理及时准确

答案：C

解析：会计电算化的特征包括：人机结合；会计核算自动化、集中化；数据处理及时准确；内部控制多样化。会计软件需要人工发出指令才能完成相应的处理，所以不具备会计核算主动性。

7. 国家标准化管理委员会和财政部(　　)年颁布了可扩展商业报告语言(XBRL)技术规范系列国家标准和企业会计准则通用分类标准。

A. 2009

B. 2010

C. 2011

D. 2012

答案：B

解析：2010 年 10 月 19 日，国家标准化管理委员会和财政部颁布了可扩展商业报告语言(XBRL)技术规范系列国家标准和企业会计准则通用分类标准。

8. (　　)是企业资源计划的简称。

A. DCR

B. ERP

C. CPR

D. AIS

答案：B

解析：ERP 是 Enterprise Resource Planning(企业资源计划)的简称。

9. 狭义地说，会计电算化指的是(　　)。

A. 会计电算化人才的培养

B. 会计软件的开发

C. 电子信息技术在会计工作中的应用

D. 会计电算化制度的建设

答案：C

解析：略

10. 会计软件属于(　　)。

A. 支持性软件

B. 应用软件

C. 操作软件

D. 文字处理软件

答案：B

解析：略

11. 下列选项中，不属于会计电算化特征的是(　　)。

A. 全部会计工作都是由计算机完成

B. 会计核算自动化、集中化

C. 数据处理及时准确

D. 内部控制多样化

答案：A

解析：略

12. ERP 的含义是(　　)。

A. 制造资源计划

B. 企业资源计划

C. 物料需求计划

D. 资金管理计划

答案：B

解析：略

13. 关于信息化条件下的会计资料管理说法错误的是(　　)。

A. 企业会计资料的归档管理，遵循国家有关会计档案管理的规定

B. 企业会计资料中对经济业务事项的描述应当使用中文，可以同时使用外国或者少数民族文字对照

C. 企业不得存储、处理和传输涉及国家秘密、关系国家经济信息安全的会计资料

D. 实施企业会计准则通用分类标准的企业，应当按照有关要求向财政部报送 XBRL 财务报告

答案：C

解析：企业不得在非涉密信息系统中存储、处理和传输涉及国家秘密、关系国家经济信息安全的电子会计资料；未经有关主管部门批准，不得将其携带、寄运或者传输至境外。

14. 下列各项中，会计信息化工作不涉及的是(　　)。

A. 电子计算机

B. 网络通信技术

C. 算盘

D. 会计准则制度

答案：C

解析：会计信息化工作以会计准则制度为依据，会计工作与电子计算机、网络技术的有机融合，即充分利用电子计算机和网络技术，更好地发挥会计的职能作用，极大地提高会计工作的效能和水平。算盘在手工核算时会涉及。

15. 中国会计信息化委员会暨 XBRL 中国地区组织正式成立是(　　)。

A. 2008 年 11 月

B. 2006 年 9 月

C. 1989 年 6 月

D. 1983 年 10 月

答案：A

解析：2008 年 11 月，财政部牵头，联合银监会、证监会、保监会等部门成立会计信息化委员会暨 XBRL 中国地区组织，至此，XBRL 中国地区组织成立。

16. 会计电算化的作用主要是(　　)。

A. 发展计算机技术

B. 提高经营管理水平

C. 增加会计人员就业

D. 提高会计人员工资

答案：B

解析：会计电算化的主要作用：①提高了会计核算的水平和质量。会计电算化的首要目标是实现会计核算工作的电算化；②提高了企业现代化经营管理水平。实现会计核算电算化是会计电算化的基础，全面提高企业现代化管理水平则是会计电算化的主要目的。

17. 以下关于电算化会计核算工作的选项中，仍需由人工完成的是(　　)。

A. 会计数据的分类

B. 会计数据的汇总

C. 会计数据的计算

D. 会计数据的收集

答案：D

解析：尽管许多会计核算工作基本实现了自动化，但会计数据的收集、审核和输入工作仍需要人工完成，各种处理指令也需要人工发出。

18. 下列功能模块中，不属于会计核算软件的是(　　)。

A. 应收账款核算系统

B. 应付账款核算系统

C. 工资核算系统

D. 生产计划管理系统

答案：D

解析：会计核算软件中用于会计核算的功能模块一般可以划分为：账务处理模块、应收/应付款管理模块、工资管理模块、固定资产模块、成本模块、报表模块、存货核算模块、财务分析模块、预算管理模块、项目管理模块以及其他管理模块。

19. 下列关于会计电算化的说法不正确的是(　　)。

A. 会计电算化后，经济业务全都由计算机来完成

B. 电算化减轻了会计人员的劳动强度，提高了工作效率

C. 实施会计电算化，能够向信息使用者提供全面、及时、准确的会计信息

D. 电算化推动了企业的现代化管理

答案：A

解析：略

20. 会计信息发展过程中会计专业判断的渗透融合阶段，处于构建会计信息系统的阶段是(　　)。

A. 初级阶段

B. 初中级阶段

C. 中级阶段

D. 高级阶段

答案：B

解析：略

21. 会计软件应当具备输入(　　)的功能，输入项目包括填制凭证日期、凭证编号、经济业务内容摘要、会计科目或编号、金额等。

A. 收款凭证

B. 付款凭证

C. 转账凭证

D. 记账凭证

答案：D

解析：略

二、多选题

1. 下列表述中，属于会计软件功能的有(　　)。

A. 生成凭证、账簿、报表等会计资料

B. 会计电算化制度建设

C. 为会计核算、财务管理直接提供数据输入

D. 对会计资料进行转换、输出、分析、利用

答案：ACD

解析：会计软件通常具有以下主要功能：为会计核算、财务管理直接采集数据；生成凭证、账簿、报表等会计资料；对会计资料进行转换、输出、分析、利用。

2. 下列关于会计信息系统与 ERP 系统关系的表述中，正确的是(　　)。

A. ERP 系统包括会计信息系统

B. ERP 系统和会计信息系统属于相同的管理信息系统

C. 会计信息系统包括 ERP 系统

D. ERP 系统和会计信息系统互不相关

答案：AB

解析：会计信息系统作为 ERP 系统(管理信息系统)中的重要子系统,已经与其他业务子系统融为一体。

3. ERP 系统中的会计信息系统包括(　　)。

A. 财务会计子系统

B. 管理会计子系统

C. 应收应付核算子系统

D. 账务处理子系统

答案：AB

解析：ERP 系统中的会计信息系统包括财务会计和管理会计两个子系统。

4. 下列有关会计电算化和会计信息化关系的表述中,正确的有(　　)。

A. 会计电算化是会计信息化的基础工作

B. 会计信息化是会计电算化的基础工作

C. 会计电算化是会计信息化的初级阶段

D. 会计信息化是会计电算化的初级阶段

答案：AC

解析：会计电算化是会计信息化的初级阶段,是会计信息化的基础工作。

5. 关于会计电算化的特征说法正确的有(　　)。

A. 计算机将根据程序和指令自动完成会计数据的分类、汇总、计算、传递及报告等工作

B. 计算机网络在会计电算化中的广泛应用,提高了数据汇总的速度,增强了企业集中管控的能力

C. 在会计电算化方式下,会计软件运用适当的处理程序和逻辑控制,能够避免在手工会计处理方式下的某些错误

D. 内部控制由过去的纯粹人工控制变为由计算机控制

答案：ABC

解析：在会计电算化方式下,与会计工作相关的内部控制制度发生了明显的变化,内部控制由过去的纯粹人工控制发展成为人工与计算机相结合的控制方式。

6. 会计信息系统根据信息技术的影响程度可划分为(　　)。

A. 会计核算系统

B. 手工会计信息系统

C. 传统自动化会计信息系统

D. 现代会计信息系统

答案：BCD

解析：会计信息系统根据信息技术的影响程度可划分为手工会计信息系统、传统自动化会计信息系统、现代会计信息系统;根据其功能和管理层次的高低,可分为会计核算系统、会计管理系统、会计决策系统。

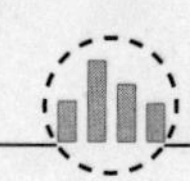

7. 对于会计电算化的特征表述正确的有(　　)。

A. 在会计电算化方式下，计算机将根据程序和指令在极短的时间内自动完成会计数据的分类、汇总、计算、传递及报告等工作

B. 在会计电算化方式下，大大减轻了会计人员的工作负担，提高了工作效率

C. 利用计算机会计数据，可以在较短的时间内完成会计数据的分类、汇总、计算等工作，使会计处理流程更为简便，核算结果更为精确

D. 在会计电算化方式下，内部控制变为计算机控制，内容更加丰富，范围更加广泛，要求更加严格，实施更加有效

答案：ABC

解析：在会计电算化方式下，内部控制由过去的纯粹人工控制发展成为人工与计算机相结合的控制方式。

8. 企业应用可扩展商业报告语言(XBRL)的优势主要有(　　)。

A. 能够降低数据采集成本

B. 提供更具有可信度和相关性的信息

C. 使财务数据具有更广泛的可比性

D. 适应变化的会计制度和报表要求

答案：ABCD

解析：企业应用 XBRL 的优势主要有：①提供更为精确的财务报告与更具可信度和相关性的信息；②降低数据采集成本，提高数据流转及交换效率；③帮助数据使用者更快捷方便地调用、读取和分析数据；④使财务数据具有更广泛的可比性；⑤增加数据在未来的可读性与可维护性；⑥适应变化的会计准则制度的要求。

9. 下列有关 XBRL 说法中，正确的有(　　)。

A. XBRL 的含义是可扩展商业报告语言

B. 2005 年 4 月，上海证券交易所加入了 XBRL 国际组织

C. 我国的 XBRL 发展始于证券领域

D. 2006 年 3 月，深圳证券交易所加入了 XBRL 国际组织

答案：ABCD

解析：XBRL(eXtensible Business Reporting Language 的简称，译为“可扩展商业报告语言”)。我国的 XBRL 发展始于证券领域。2005 年 4 月和 2006 年 3 月，上海证券交易所和深圳证券交易所先后分别加入了 XBRL 国际组织。

10. ERP 将企业与其外部的供应商、客户等市场要素有机结合，实现对企业(　　)等资源进行一体化管理。

A. 物资资源

B. 人力资源

C. 财务资源

D. 信息资源

答案：ABCD

解析：ERP 将企业与其外部的供应商、客户等市场要素有机结合，实现对企业的物资资源(物流)、人力资源(人流)、财务资源(财流)和信息资源(信息流)等资源进行一体化管理

(即“四流一体化”或“四流合一”)。

11. 广义的会计电算化是指与实现会计工作电算化有关的所有工作,包括(　　)。

A. 会计电算化软件的开发和应用

B. 会计电算化人才的培训

C. 会计电算化的宏观规划、市场的培育与发展

D. 会计电算化的制度建设

答案:ABCD

解析:广义的会计电算化是指与实现会计工作电算化有关的所有工作,包括会计电算化软件的开发应用及其软件市场的培育、会计电算化人才的培训、会计电算化的宏观规划和管理、会计电算化的制度建设等。

12. 下列关于会计核算软件人工管理阶段的表述中,正确的有(　　)。

A. 会计核算软件着重解决计算简便但重复次数多的单项会计业务

B. 会计核算软件主要模仿手工会计数据处理的方式和程序

C. 会计核算软件主要用于会计业务的单项处理

D. 单项会计核算软件之间有机地集成

答案:ABC

解析:各个单项的会计核算软件并没有实现系统的集成。

13. 在会计电算化模式下,会计工作岗位可分为(　　)。

A. 基本会计岗位

B. 会计档案管理岗位

C. 会计电算化岗位

D. 主管会计岗位

答案:AC

解析:本题考核会计岗位设置的内容。

14. ERP 核心子系统应包括(　　)。

A. 人力资源

B. 财务

C. 生产管理

D. 分销管理

答案:ABCD

解析:人力资源、财务、生产管理、分销管理是 ERP 核心子系统

15. 我国会计信息化工作经历了(　　)阶段。

A. 探索起步

B. 推广发展

C. 集成管理

D. 渗透融合

答案:ABCD

解析:略

三、判断题

1. 在会计电算化方式下，试算平衡、登记账簿、审核、记账等都由计算机自动完成，大大减轻了会计人员的工作负担，提高了工作效率。(　　)

答案：错误

解析：在会计电算化方式下，凭证的审核工作需要会计人员手工进行，不能由计算机自动完成。

2. 会计电算化将提高会计核算的水平和质量。(　　)

答案：正确

解析：会计电算化将提高会计核算的水平和质量。主要表现在以下几个方面：减轻会计人员劳动强度，提高工作效率；缩短了会计数据处理周期，提高了会计数据的时效性；提高了会计数据处理的正确性和规范性。

3. 在会计电算化方式下，内部控制由过去的纯粹人工控制发展成为计算机完全控制。(　　)

答案：错误

解析：在会计电算化方式下，与会计工作相关的内部控制由过去的纯粹人工控制发展成为人工与计算机相结合的控制形式。

4. 降低数据采集成本，提高数据流转及交换效率是 XBRL 的一个优势。(　　)

答案：正确

解析：企业应用 XBRL 的优势主要有：①提供更为精确的财务报告与更具可信度和相关性的信息；②降低数据采集成本，提高数据流转及交换效率；③帮助数据使用者更快捷方便地调用、读取和分析数据；④使财务数据具有更广泛的可比性；⑤增加资料在未来的可读性与可维护性；⑥适应变化的会计准则制度的要求。

5. 会计信息系统实质是将会计数据转化为会计信息的系统，是企业管理系统的一个重要子系统。(　　)

答案：正确

解析：会计信息系统是指利用信息技术对会计数据进行采集、存储和处理，完成会计核算任务，并提供会计管理、分析与决策相关会计信息的系统，其实质是将会计数据转化为会计信息的系统，是企业管理信息系统的一个重要子系统。

6. 为适应传统会计模式，会计信息化利用现代信息技术对会计理论、方法做出了局部的修改。(　　)

答案：错误

解析：会计信息化没有对会计理论进行修改。

7. 软件供应商必须在会计软件中集成可扩展商业报告(XBRL)语言功能，生成符合国家统一标准的 XBRL 财务报告。(　　)

答案：错误

解析：鼓励软件供应商在会计软件中集成可扩展商业报告(XBRL)语言功能，便于企业生成符合国家统一标准的 XBRL 财务报告。

8. 决策支持系统是一种辅导人员进行决策的人机会话系统，代替人类进行决策，降低决策风险的系统。(　　)

答案：错误

解析：决策支持系统是一种辅导人员进行决策的人机会话系统，它不是代替人类决策，而是以现代信息技术为手段，为决策者提供所需的各类信息，提供相应的科学方法和数学模型，帮助决策者选择最佳方案，以减少或避免决策失误，降低决策风险。

9. 实施新会计准则的企业，应当按照有关要求向财务部报送 XBRL 财务报告。(　　)

答案：错误

解析：实施企业会计准则通用分类标准的企业，应当按照有关要求向财务部报送 XBRL 财务报告。

10. 实施企业会计准则通用分类标准的企业中的 XBRL 财务报告不需要向财政部报送。(　　)

答案：错误

解析：实施企业会计准则通用分类标准的企业，应按照有关要求向财政部报送 XBRL 财务报告。

11. 由于会计核算自动化、集中化的特点，计算机将根据程序和指令在极短的时间内自动完成会计数据的分类、汇总、计算、传递及报告等工作。(　　)

答案：错误

解析：本题考核会计电算化的特征。由于人机结合的特点，计算机将根据程序和指令在极短的时间内自动完成会计数据的分类、汇总、计算、传递及报告等工作。

12. ERP 系统中的会计信息系统包括财务会计和管理会计两个子系统。(　　)

答案：正确

解析：ERP 系统中的会计信息系统包括财务会计和管理会计两个子系统。

13. 在功能层次上，ERP 不仅包括最核心的财务、分销和生产管理，还包括人力资源、质量管理、决策支持等企业其他管理功能。(　　)

答案：正确

解析：本题考核 ERP 的功能模块。在功能层次上，ERP 除了最核心的财务、分销和生产管理等管理功能以外，还集成了人力资源、质量管理、决策支持等企业其他管理功能。

14. 会计信息化以构建和实施有效的企业内部控制为指引，集成管理企业的各种资源和信息。(　　)

答案：正确

解析：会计电算化解决的是利用信息技术进行会计核算和报告工作的相关问题。会计信息化是在会计电算化工作的基础上，以构建和实施有效的企业内部控制为指引，集成管理企业的各种资源和信息。

15. 会计电算化就是利用计算机指挥会计软件替代手工完成会计工作的过程。(　　)

答案：错误

解析：站在会计人员角度，会计电算化是指由专业人员编制会计软件，由会计人员及有关的操作人员操作会计数据，指挥计算机替代人员来完成会计工作的活动。

16. 广义的会计电算化是指与实现电算化有关的所有工作，包括会计电算化软件开发及其软件市场的培育、会计电算化人才的培训、会计电算化的宏观规划和管理、会计电算化制度建设等。(　　)

答案：正确

解析：略

17. ERP 是企业资源计划的简称。(　　)

答案：正确

解析：略

18. 相对于会计电算化而言，会计信息化是一次质的飞跃。(　　)

答案：正确

解析：略

19. 电算化会计与会计电算化存在差异。(　　)

答案：正确

解析：本题考核电算化会计与会计电算化区别的内容。

20. 会计电算化可以提高数据处理的时效性。(　　)

答案：正确

解析：略

21. XBRL 是可扩展商业报告语言的简称。(　　)

答案：正确

解析：略

22. 根据计算机的用途划分，可将其分为巨型计算机、大型计算机、中型计算机、小型计算机、微型计算机。(　　)

答案：错误

解析：略

第二节　会计软件的配备方式及其功能模块

一、单选题

1. 下列配备方式中，成本最高的是(　　)。

A. 购买通用会计软件

B. 自行开发

C. 委托外部单位开发

D. 企业与外部单位联合开发

答案：B

解析：上述方法中，自行开发的费用是最高的，其次是委托开发和联合开发。

2. 在会计软件中，(　　)模块与账务处理模块之间不存在凭证传递关系。

A. 应收管理模块

B. 固定资产管理模块

C. 工资管理模块

D. 财务分析模块

答案：D

解析：应收管理模块可以将发票制单、核销制单等生成的记账凭证传递到账务处理模

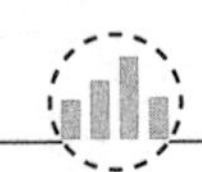

块；固定资产管理模块可以将计提折旧生成的记账凭证传递到账务处理模块；工资管理模块将工资分摊生成的记账凭证传递到账务处理模块。

3. 专用会计核算软件一般是(　　)。

A. 单位购买的商品化软件

B. 单位自行开发或委托其他单位开发的会计核算软件

C. 适用于多数单位使用的会计核算软件

D. 适应多数行业使用的会计核算软件

答案：B

解析：专用会计核算软件一般是指由使用单位自行开发或委托其他单位开发、供本单位使用的会计核算软件。

4. 下列不属于账务处理模块功能的是(　　)。

A. 凭证的输入和处理

B. 结账

C. 账簿查询

D. 对企业财务活动进行分析

答案：D

解析：账务处理模块是以凭证为数据处理起点，通过凭证输入和处理，完成记账、银行对账、结账、账簿查询及打印输出等工作。目前许多商品化的账务处理还包括往来款管理、部门核算、项目核算和管理及现金银行管理等一些辅助核算的功能，对企业财务活动的分析是财务分析模块的功能。

5. 购买通用会计软件的缺点主要是(　　)。

A. 成本高

B. 见效慢

C. 维护没有保障

D. 软件针对性不强

答案：D

解析：购买通用会计软件方式的缺点：①软件的针对性不强，通常针对一般用户设计，难以适应企业特殊的业务或流程；②为保证通用性，软件功能设置往往过于复杂，业务流程简单的企业可能感到不易操作。这种方式的优点有：①企业投入少，见效快，实现信息化的过程简单；②软件性能稳定，质量可靠，运行效率高，能够满足企业的大部分需求；③软件的维护和升级由软件公司负责；④软件安全保密性强，用户只能执行软件功能，不能访问和修改源程序。

6. 能够生成各种分析和评价企业财务状况、经营成果和现金流量的各种信息，为决策提供正确依据的模块是(　　)。

A. 预算管理模块

B. 财务分析模块

C. 报表管理模块

D. 成本管理模块

答案：B

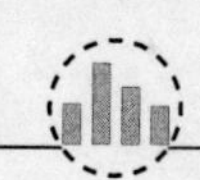

解析：财务分析模块从会计软件的数据库中提取数据，运用各种专门的分析方法，完成对企业财务活动的分析，实现对财务数据的进一步加工，生成各种分析和评价企业财务状况、经营成果和现金流量的各种信息，为决策提供正确依据。

7. 会计核算软件的功能模块是(　　)。

A. 一种文件

B. 一种计算功能

C. 一种打印功能

D. 一种有会计数据输入、处理、输出功能的软件程序

答案：D

解析：会计核算软件中具有相对独立的会计数据输入、处理和输出功能的各个组成部分被称为会计核算软件的功能模块。

8. 成本管理模块的成本核算完成后，要将结转制造费用、结转辅助生产成本、结转盘点损失和结转共享产品耗用的记账凭证数据传递到(　　)模块。

A. 存货核算

B. 报表管理

C. 账务处理

D. 项目管理

答案：C

解析：成本管理模块的成本核算完成后，要将结转制造费用、结转辅助生产成本、结转盘点损失和结转共享产品耗用的记账凭证数据传递到账务处理模块。

9. 关于会计软件的配备方式，系统开发的周期较长是(　　)的缺点。

A. 自行开发

B. 委托外单位开发

C. 购买通用会计软件

D. 企业与外部单位联合开发

答案：D

解析：企业与外单位联合开发的缺点主要有：①软件开发工作需要外部技术人员与内部技术人员、会计人员充分沟通，系统开发的周期较长；②企业支付给外单位的开发费用相对较高。自行开发系统周期长。

10. 下列关于自行开发配备会计软件的说法正确的是(　　)。

A. 对企业自身技术力量的要求不高

B. 软件的针对性不强，通常针对一般用户设计，难以适应企业特殊的业务或流程

C. 实现信息化的过程简单

D. 能够在充分考虑自身生产经营特点和管理要求的基础上，设计的会计软件最有针对性和适用性

答案：D

解析：自行开发是指企业自行组织人员进行会计软件开发。自行开发的优点有：①企业能够在充分考虑自身生产经营特点和管理要求的基础上，设计最有针对性和适用性的会计软件，软件的初始化工作少；②由于企业内部员工对系统充分了解，当会计软件出现问题

或需要改进时，企业能够及时高效地纠错和调整，保证系统使用的流畅性。缺点有：①系统开发要求高、周期长、成本高，系统开发完成后，还需要较长时间的试运行；②自行开发软件系统需要大量的计算机专业人才，普通企业难以维持一支稳定的高素质软件人才队伍。

11. 会计核算软件各功能模块是通过(　　)以记账凭证为接口连接起来的。

A. 报表生成与汇总模块

B. 工资核算模块

C. 账务处理模块

D. 成本核算模块

答案：C

解析：账务处理模块是会计核算软件的核心模块，该模块以记账凭证为接口与其他功能模块有机地连接在一起，构成完整的会计核算系统。

12. 商品化会计软件与定点开发会计软件的最大区别在于(　　)。

A. 是否准确

B. 是否通用

C. 是否迅速

D. 是否安全

答案：B

解析：商品化会计软件与定点开发会计软件最大的区别在于是否通用。

13. 委托外单位开发会计软件适合于(　　)企业。

A. 特殊业务较多

B. 中小企业

C. 特殊业务较少

D. 大型企业

答案：A

解析：委托外部单位开发的优点：软件的针对性较强，降低了用户的使用难度；对企业自身技术力量的要求不高。适用于特殊业务较多的企业。

14. 企业与外部单位联合开发是企业配备会计软件的一种方式，下列说法错误的是(　　)。

A. 此种方式是指企业联合外部单位进行软件开发

B. 在此种方式下，由本单位财务部门的网络信息部门负责系统设计和程序开发工作，由外单位负责进行系统分析

C. 开发完成后，对系统的重大修改由本单位网络信息部门负责

D. 开发完成后，日常维护工作由本单位财务部门负责

答案：B

解析：企业与外部单位联合开发配备会计软件的方式，由本单位财务部门和网络信息部门进行系统分析，外单位负责系统设计和程序开发工作。

15. 会计核算软件是指专门用于(　　)的计算机应用软件。

A. 会计核算

B. 录入记账凭证

C. 审核记账凭证

D. 会计智能考试

答案：A

解析：会计软件是指专门用于会计核算、财务管理的计算机软件、软件系统或者其功能模块，包括一组指挥计算机进行会计核算与管理工作的程序、存储数据以及有关资料。

16. 购买通用会计软件的缺点主要是（　　）。

A. 成本高

B. 见效慢

C. 维护没有保障

D. 软件针对性不强

答案：D

解析：购买通用会计软件方式的缺点：软件的针对性不强，通常针对一般用户设计，难以适应企业特殊的业务或流程；为保证通用性，软件功能设置往往过于复杂，业务流程简单的企业可能感到不易操作。

二、多选题

1. 关于企业与外部单位联合开发方式说法正确的有（　　）。

A. 软件开发完成后，对系统的重大修改由网络信息部门负责

B. 软件开发完成后，日常维护工作由财务部门负责

C. 有利于企业日后进行系统维护和升级

D. 开发时间会延长，因为开发人员需要花大量的时间了解业务流程和客户需求

答案：ABC

解析：采用企业与外部单位联合开发这种方式，系统开发的周期较长的原因是因为软件开发工作需要外部技术人员与内部技术人员、会计人员充分沟通，选项 D 表述的是委托外部单位开发的缺点。

2. 下列说法中，属于购买通用会计软件的优点的有（　　）。

A. 软件的针对性较强

B. 企业投入少，见效快，实现信息化的过程简单

C. 软件性能稳定，质量可靠

D. 当会计软件需要改进时，能够及时纠错和调整

答案：BC

解析：选项 A 针对性不强；选项 D 为自行开发的优点。

3. 企业定制开发会计软件的方式主要有（　　）。

A. 企业自行开发

B. 购买通用会计软件

C. 委托外部单位开发

D. 企业与外部单位联合开发

答案：ACD

解析：企业配备会计软件的方式主要有购买、定制开发、购买与开发相结合等方式。其中，定制开发包括企业自行开发、委托外部单位开发、企业与外部单位联合开发三种具体开发方式。

4. 通用会计核算软件一般是指(　　)。

A. 软件公司为会计工作而专门设计开发

B. 一种应用软件

C. 为某单位使用而开发

D. 以产品形式投入市场

答案:ABD

解析:通用会计软件是指软件公司为会计工作而专门设计开发,并以产品形式投入市场的应用软件。

5. 下列选项中,不属于自行开发会计软件优点的有(　　)。

A. 能够充分考虑企业自身生产经营特点和管理要求

B. 出现问题或需要改进时,能够及时高效地纠错和调整

C. 软件的维护和升级由软件公司负责

D. 企业投资小,见效快

答案:CD

解析:略

6. 企业采用购买通用会计软件方式购买软件,相应可以得到(　　)服务。

A. 软件的维护

B. 软件的升级

C. 人员培训

D. 硬件的维护

答案:ABC

解析:企业作为用户,付款购买即可获得软件的使用、维护、升级以及人员培训等服务。

三、判断题

1. 自行开发的会计软件由于内部员工对系统充分了解,所以企业能够及时高效地纠错和调整出现的问题。(　　)

答案:正确

解析:自行开发是企业自行组织人员进行会计软件开发的,所以企业内部员工对系统充分了解,能够及时高效地解决运行过程中出现的问题。

2. 自行开发的会计核算软件专业性强,一般开发费用也较低。(　　)

答案:错误

解析:自行开发的会计核算软件专业性强,但开发要求高、周期长、成本高。

3. 通用会计核算软件,业务流程简单的企业可能感到不易操作。(　　)

答案:正确

解析:采用通用会计核算软件的缺点是为保证通用性,软件功能设置往往过于复杂,业务流程简单的企业可能感到不易操作。

4. 通用会计核算软件开发水平高,购置成本相对较低。(　　)

答案:正确

解析:购买通用会计软件,企业投入少,软件性能稳定,质量可靠,运行效率高。

5. 通用会计核算软件因在开发过程中仅考虑某一单位会计处理的特殊性,使得其难以

适用于其他单位的会计工作。(　　)

答案：错误

解析：通用会计核算软件具有很强的通用性，适用于不同的企事业单位、不同的会计工作需要，以及适用于会计工作不同时期的需求。

6. 自行开发的会计软件的缺点主要有系统开发要求高、周期长、成本高，系统开发完成后，还需要较长时间的试运行，需要大量的计算机专业人才，普通企业难以维持一支稳定的高素质软件人才队伍。(　　)

答案：正确

解析：本题考核自行开发会计软件的缺点。自行开发是指企业自行组织人员进行会计软件开发。

7. 一般来说，中小企业实施会计电算化所需软件的合理做法是购买商品化会计软件。(　　)

答案：正确

解析：略

8. 系统初始化是会计软件运行的基础。(　　)

答案：正确

解析：系统初始化是会计软件运行的基础

9. 在确保计算机操作系统满足会计软件的运行要求并安装完毕数据库管理软件和支持性软件后，用户方可开始安装会计软件。(　　)

答案：正确

解析：在设置完操作系统并安装完数据库管理系统后，技术支持人员应该安装计算机缺少的支撑软件。

10. 委托外部单位开发软件的针对性较强，降低了用户的使用难度。但费用较大，开发周期较长。(　　)

答案：正确

解析：委托外部单位开发的优点是，软件的针对性较强，降低了用户的使用难度。委托外部单位开发的缺点是，委托开发费用较高；开发人员需要花大量的时间了解业务流程和客户需求，会延长开发时间。

11. 定制开发会计软件需要有较强的技术力量，开发周期长，费用也较高。(　　)

答案：正确

解析：本题考核会计软件开发的内容。

12. 企业与外部单位联合开发的会计软件是指企业联合外部的科研院所或软件公司开发的会计软件。(　　)

答案：正确

解析：略

13. 会计软件以账务处理模块为核心，按职能的不同来进行模块的划分。(　　)

答案：正确

解析：略

第三节　企业会计信息化工作规范

一、单选题

1. 关于会计信息化的监督管理，下列说法错误的有(　　)。

A. 使用会计软件不符合《企业会计信息化工作规范》要求的，由财政部门责令限期改正

B. 对于使用会计软件不符合要求的，由财政部责令限期改正，限期不改的，财政部门应当予以公示，并处以罚款

C. 财政部采取组织同行评议、向用户企业征求意见等方式对软件供应商提供的会计软件遵循《企业会计信息化工作规范》的情况进行检查

D. 软件供应商提供的会计软件不符合《企业会计信息化工作规范》的，财政部门可以约谈该供应商主要负责人，责令限期改正

答案：B

解析：对于使用会计软件不符合要求的，由财政部责令限期改正，限期不改的，财政部门应当予以公示，并将有关情况通报同级相关部门或其派出机构。

2. 会计软件和服务的规范中，关于供应商的规定不正确的是(　　)。

A. 软件供应商应当努力提高会计软件相关服务质量，按照合同约定及时解决用户使用中的故障问题

B. 鼓励软件供应商采用呼叫中心、在线客服等方式提供实时技术支持

C. 软件供应商应当努力提高会计软件相关服务质量，及时解决用户使用中计算机硬件故障问题

D. 软件供应商应当就如何通过会计软件开展会计监督工作，提供专门教程和相关资料

答案：C

解析：计算机硬件故障问题不在软件供应商服务范围之内。

3. 下列各项中，积极研究构建会计信息化社会平台的部门是(　　)。

A. 工业和信息化部

B. 财政部

C. 国资委

D. 证监会

答案：B

解析：财政部积极研究构建会计信息化的社会平台，以方便企业会计信息化所提供的会计信息的再开发和利用。

4. 下列关于会计信息化的规范中，错误的是(　　)。

A. 企业应当充分重视会计信息化工作，加强组织领导和人才培养，不断推进会计信息化在本企业的应用

B. 大型企业、企业集团开展会计信息化工作，应当注重整体规划，统一技术标准、编码规则和系统参数，实现各系统的有机整合

C. 企业通过委托外部单位开发、购买等方式配备会计软件，应当在有关合同中约定操作培训、软件升级、故障解决等

D. 企业进行会计信息化系统前端系统的建设和改造不需要负责会计信息化工作的专门机构或者岗位参与

答案：D

解析：企业进行会计信息化系统前端系统的建设和改造应当安排负责会计信息化工作的专门机构或者岗位参与，充分考虑会计信息系统的数据需求。

5. 关于信息化条件下的会计资料管理说法错误的是（ ）。

A. 企业会计资料的归档管理，遵循国家有关会计档案管理的规定

B. 企业会计资料中对经济业务事项的描述应当使用中文，可以同时使用外国或者少数民族文字对照

C. 企业不得存储、处理和传输涉及国家秘密、关系国家经济信息安全的会计资料

D. 实施企业会计准则通用分类标准的企业，应当按照有关要求向财政部报送XBRL财务报告

答案：C

解析：企业不得在非涉密信息系统中存储、处理和传输涉及国家秘密、关系国家经济信息安全的电子会计资料；未经有关主管部门批准，不得将其携带、寄运或者传输至境外。

6. 不属于非规范化操作的是（ ）。

A. 密码与权限管理不当

B. 会计档案保存不当

C. 期末未按时进行结账

D. 未按照正常操作规范运行软件

答案：C

解析：常见的非规范化操作包括密码与权限管理不当、会计档案保存不当、未按照正常操作规范运行软件等。

二、多选题

1. 关于会计软件和服务规范中，对供应商的要求正确的有（ ）。

A. 以远程访问、云计算等方式提供会计软件的供应商，应当在技术上保证客户会计资料的安全、完整

B. 软件供应商应当努力提高会计软件相关服务质量，任何情况下都要及时解决用户使用中的故障问题

C. 鼓励软件供应商采用呼叫中心、在线客服等方式为用户提供实时技术支持

D. 软件供应商应当就如何通过会计软件开展会计核算工作，提供专门教程和相关资料

答案：AC

解析：本题考核会计软件和服务规范的内容，选项B，软件供应商应当努力提高会计软件相关服务质量，按照合同约定及时解决用户使用中的故障问题；选项D，软件供应商应当就如何通过会计软件开展会计监督工作，提供专门教程和相关资料。

2. 企业会计信息化的工作规范中，规定企业配备会计软件，应当根据自身技术力量以

及业务需求，考虑软件（　　）要求，合理选择购买、定制开发、购买与开发相结合等会计软件配备方式。

A. 功能

B. 安全性

C. 稳定性

D. 响应速度

答案：ABCD

解析：企业配备会计软件，应当根据自身技术力量以及业务需求，考虑软件功能、安全性、稳定性、响应速度、可扩展性等要求，合理选择购买、定制开发、购买与开发相结合等会计软件配备方式。

3. 下列关于会计信息化建设的说法中，正确的有（　　）。

A. 企业开展会计信息化工作，应当重视信息系统与经营环境的契合

B. 企业应当促进会计信息系统与业务信息系统的一体化，通过会计记账直接驱动业务的处理

C. 企业应当安排负责会计信息化工作的专门机构或者岗位参与

D. 企业应当遵循企业内部控制规范体系要求

答案：ACD

解析：企业应当促进会计信息系统与业务信息系统的一体化，通过业务的处理直接驱动会计记账。

4. 下列关于企业会计信息化工作规范说法正确的有（　　）。

A. 会计软件应当记录生成用户操作日志，确保日志的安全、完整

B. 软件供应商应当努力提高会计软件相关服务质量，按照合同约定及时解决用户使用中的故障问题

C. 会计软件应当提供不可逆的记账功能，确保对同类已记账凭证的连续编号，不得提供对已记账凭证的删除和插入功能，不得提供对已记账凭证日期、金额、科目和操作人的修改功能

D. 会计软件应当具有会计资料归档功能，提供导出会计档案的接口，在会计档案存储格式、元数据采集、真实性与完整性保障方面，符合国家有关电子文件归档与电子档案管理的要求

答案：ABCD

解析：本题考核会计软件和服务的规范。

三、判断题

1. 企业应当建立电子会计资料备份管理制度，确保会计资料的安全、完整和会计信息系统的持续、稳定运行。（　　）

答案：正确

解析：本题考核《企业会计信息化工作规范》中对会计资料管理的规定。

2. 企业进行会计信息系统的建设和改造，应当安排负责会计信息化工作的专门机构或者岗位参与，充分考虑会计信息系统的数据需求。（　　）

答案：错误

解析：本题考核《企业会计信息化工作规范》的规定。企业进行会计信息系统前端系统的建设和改造，应当安排负责会计信息化工作的专门机构或者岗位参与，充分考虑会计信息系统的数据需求。

3．企业会计资料中对经济业务事项的描述应当使用中文，也可以使用外国或者少数民族文字对照。（　　）

答案：错误

解析：企业会计资料中对经济业务事项的描述应当使用中文，可以同时使用外国或者少数民族文字对照。

4．客户以远程访问、云计算等方式使用会计软件生成的电子会计资料不能归客户所有。（　　）

答案：错误

解析：客户以远程访问、云计算等方式使用会计软件生成的电子会计资料归客户所有。

5．关系国家经济信息安全的电子会计资料，未经有关部门批准，不得携带出境，但是可以寄运至境外。（　　）

答案：错误

解析：关系国家经济信息安全的电子会计资料，未经有关部门批准，不得携带、寄运或者运输至境外。

6．会计软件应当具有符合国家统一标准的数据接口，满足内部和外部会计监督的需要。（　　）

答案：错误

解析：会计软件应当具有符合国家统一标准的数据接口，满足外部会计监督需要。

7．企业会计资料的归档管理，应遵循会计法的规定。（　　）

答案：错误

解析：根据《企业会计信息化工作规范》规定：企业会计资料的归档管理，遵循国家有关会计档案管理的规定。

8．会计软件应当提供不可逆的记账功能，确保对同类已记账凭证的连续编号，不得提供对已记账凭证的删除和插入功能。（　　）

答案：正确

解析：略

9．只要有新版本的会计软件，企业都应该对原有会计软件进行升级。（　　）

答案：错误

解析：经过对比审核，如果新版软件更能满足实际需要，企业应该对其进行升级；如果不满足需要，可以不升级。

第二章

会计软件的运行环境

第一节　会计软件的硬件环境

一、单选题

1. 下列各项中，(　　)一般用来存放大量暂时不用的程序和数据。

A. 运算器

B. 控制器

C. 内存储器

D. 外存储器

答案：D

解析：外存储器又称辅助存储器，一般用来存放大量暂时不用的程序、数据和中间结果，必要时，可成批地和内存储器进行信息交换。

2. 被称为“裸机”的计算机是指(　　)。

A. 没有硬盘的计算机

B. 没有外壳的计算机

C. 没有 CPU 的计算机

D. 没有安装任何软件的计算机

答案：D

解析：只有硬件部分，还未安装任何软件系统的计算机叫作裸机。

3. 关于客户机/服务器结构的说法正确的是(　　)。

A. C/S 结构模式下，服务器是实现会计软件功能的核心部分

B. C/S 结构模式下，服务器安装专用的会计软件，负责会计数据的输入、运算和输出

C. C/S 结构模式，系统客户端软件安装维护的工作量大，数据库的使用一般仅限于局域网的范围内

D. C/S 结构模式，维护和升级方式简单

答案：C

解析：选项 A，C/S 结构模式下，服务器是实现会计软件功能的核心部分；选项 B，C/S 结构模式下，客户端安装专用的会计软件，负责会计数据的输入、运算和输出；选项 D，C/S 结构模式，维护和升级方式简单。

4. 进行键盘输入大小写字母转换的控制键是(　　)。

A. CapsLock

B. Shift

C. NumLock

D. Alt

答案：A

解析：键盘输入大小写字母转换的控制键是 CapsLock。Shift 表示转换键，NumLock 是数码锁定键(控制小键盘区)，Alt 表示替换键。

5. 随机存储器(RAM)的特性是(　　)。

A. 只读不写

B. 不读只写

C. 可读可写

D. 断电后，数据不会消失

答案：C

解析：随机存取存储器 RAM 中的信息可以随时读出和写入，用来存放计算机工作时所需要的程序和数据。断电后，RAM 的数据将消失。

6. 下列关于存储器功能描述中，正确的有(　　)。

A. 内存储器也称辅助存储器

B. 外存储器存储容量比内存储器大得多

C. 外存储器只能与 CPU 交换信息，不能被计算机系统的其他部件直接访问

D. 外存储器也称主存储器

答案：B

解析：内存储器即内存；外存储器只能与内存交换信息，不能被计算机的其他部件直接访问；外存储器也称辅助存储器。

7. 有多台计算机，但每台计算机都有相应的输入输出设备，每台计算机仍属于单机结构，各台计算机不发生直接的数据联系，以上描述的是(　　)。

A. 单机结构

B. 多用户结构

C. 多机松散结构

D. 计算机局域网络

答案：C

解析：本题考核多机松散结构的概念。多机松散结构是指有多台计算机，但每台计算机之间是单机结构，都有相应的输入输出设备，不发生直接的数据联系。

8. 对于硬件结构的描述中，正确的是(　　)。

A. 多机松散结构中的每台计算机直接发生数据联系

B. 多机松散结构中的每台计算机通过 U 盘等传送数据

C. 多机松散结构的优点在于配置成本低，数据共享程度高

D. 多机松散结构的缺点是主机负载过大，容易形成拥塞

答案：B

解析：多机松散结构有多台计算机，每台计算机仍属于单机结构，各台计算机不发生直接的数据联系，之间通过磁盘、光盘、U 盘、移动硬盘等传送数据。多机松散结构的优点在于输入输出集中程度高，速度快；其缺点在于数据共享性能差，系统整体效率低。选项 C 是单机结构的优点，选项 D 是多用户结构的缺点。

9. 下列各组设备中，全部属于输入设备的一组是(　　)。

A. 键盘、磁盘和打印机

B. 键盘、扫描仪和鼠标

C. 键盘、鼠标和显示器

D. 硬盘、打印机和键盘

答案：B

解析：显示器和打印机属于输出设备。

10. 下列属于输入设备的是(　　)。

A. POS 机

B. 显示器

C. U 盘

D. 打印机

答案：A

解析：计算机常见的输入设备有键盘、鼠标、光电自动扫描仪、条形码扫描仪、二维码识读设备、POS 机、芯片读卡器、语言输入设备、手写输入设备等。显示器和打印机属于输出设备，U 盘属于存储设备。

11. 对于硬件结构中的单机结构，说法正确的是(　　)。

A. 单机结构属于单用户工作方式，一台计算机同一时刻多人可以使用

B. 单机结构可以进行分布式处理

C. 单机结构使用简单，配置成本低

D. 单机结构适用于数据输入量较多的企业

答案：C

解析：单机结构属于单用户工作方式，一台计算机同一时刻只能一人使用，单机结构的优点在于使用简便，配置成本低，数据共享程度高，一致性好；其缺点在于集中输入速度低，不能同时允许多个成员进行操作，并且不能进行分布式处理。适用于数据输入量小的企业。

12. (　　)是指计算机系统中具有记忆能力的部件，用来存放程序和数据。

A. 运算器

B. 控制器

C. 存储器

D. 输入/输出设备

答案：C

解析：存储器是指计算机系统中具有记忆能力的部件，用来存放程序和数据。

13. 下列各项中，不属于计算机硬件设备的是(　　)。

A. 输入设备

B. 输出设备

C. 处理设备

D. 操作系统

答案：D

解析：计算机硬件设备由输入设备、处理设备、存储设备、输出设备和通信设备组成。操作系统属于系统软件，即计算机的软件系统。

14. 下列存储器中，存取速度最快的是(　　)。

A. 软盘

B. 硬盘

C. 内存

D. 光盘

答案：C

解析：内存储器存取的速度比外存储器快，选项 ABD 属于外存储器。

15. 下列各计算机器件中，负责从计算机内存中读取和执行指令的是(　　)。

A. 运算器

B. 控制器

C. 外存储器

D. 主机

答案：B

解析：控制器的基本功能是从内存中按顺序取出指令和执行指令，即控制器按程序计数器指出的指令地址从内存中取出该指令进行译码，然后根据该指令功能向有关部件发出控制命令，执行该指令。

16. 有多台计算机，但每台计算机都有相应的输入输出设备，每台计算机仍属于单机结构，各台计算机不发生直接的数据联系，以上描述的是(　　)。

A. 单机结构

B. 多机松散结构

C. 多用户结构

D. 计算机局域网络

答案：C

解析：多用户结构的缺点在于费用较高，应用软件较少，主机负载过大，容易形成拥塞，主要适用于输入量大的企业。选项 A，单机结构的缺点在于集中输入速度低，不能同时允许多个成员进行操作，并且不能进行分布式处理；选项 B，多机松散结构的缺点在于数据共享性能差，系统整体效率低；选项 D，计算机局域网络中，客户机/服务器的缺点在于系统客户端软件安装维护的工作量大，且数据库的使用一般仅限于局域网的范围内，浏览器/服务器的缺点在于应用服务器运行数据负荷较重。

17. 下列各项中，不属于单机结构缺点的是(　　)。

A. 集中输入速度低

B. 不能多成员同时操作

C. 不能进行分布式处理

D. 使用简单

答案：D

解析：D单机结构的优点在于使用简单，配置成本低，数据共享程度高，一致性好；其缺点在于集中输入速度低，不能同时允许多个成员进行操作，并且不能进行分布式处理。适用于数据输入量小的企业。

18. 下列各项设备中，性能最可靠的是（　　）。

A. 服务器

B. 高配置笔记本电脑

C. 台式个人计算机

D. 上网本

答案：A

解析：高配置笔记本电脑、台式个人计算机和上网本都属于普通客户机。服务器的性能必须适应会计软件的运行要求，其硬件配置一般高于普通客户机。

19. （　　）的缺点在于费用较高，应用软件较少，主机负载过大，容易形成拥塞。

A. 单机结构

B. 多机松散结构

C. 多用户结构

D. 计算机局域网络

答案：C

解析：多用户结构的缺点在于费用较高，应用软件较少，主机负载过大，容易形成拥塞，主要适用于输入量大的企业。

20. 不属于计算机存储设备的是（　　）。

A. 硬盘

B. 键盘

C. U盘

D. 光盘

答案：B

解析：计算机的存储设备包括内存储器和外存储器。内存储器分为随机存储器RAM和只读存储器ROM。外存储器主要有硬盘、U盘、光盘、存储卡等。

21. 属于计算机常见的输出设备的是（　　）。

A. 中央处理器

B. RAM和ROM

C. 键盘和鼠标

D. 显示器和打印机

答案：D

解析：计算机常见的输出设备有显示器和打印机。

22. 不属于计算机硬件设备的是（　　）。

A. 通信设备

B. 数据库管理系统

C. 处理设备

D. 输入设备

答案：B

解析：硬件设备一般包括输入设备、处理设备、存储设备、输出设备和通信设备(网络电缆等)。

23. 下列各项中,属于屏幕查询输出的是(　　)。

A. 显示输出

B. 打印输出

C. 屏幕显示

D. 屏幕输出

答案：D

解析：略

二、多选题

1. 下列各项中,属于单机结构优点的有(　　)。

A. 使用简单

B. 配置成本低

C. 数据共享程度高

D. 一致性好

答案：ABCD

解析：单机结构的优点在于使用简单,配置成本低,数据共享程度高,一致性好。

2. 下列属于单机结构缺点的有(　　)。

A. 使用简单,配置成本低

B. 数据共享程度低

C. 集中输入速度低

D. 不能同时允许多个成员进行操作

答案：CD

解析：单机结构的优点在于使用简单,配置成本低,数据共享程度高,一致性好;其缺点在于集中输入速度低,不能同时允许多个成员进行操作,并且不能进行分布式处理。适用于数据输入量小的企业。

3. 电算化会计信息系统中常见的硬件结构通常有(　　)形式。

A. 单机结构

B. 多机松散结构

C. 多用户结构

D. 计算机局域网络

答案：ABCD

解析：电算化会计信息系统中常见的硬件结构通常有单机结构、多机松散结构、多用户结构和计算机局域网络四种形式。

4. 下列说法正确的是(　　)。

A. 服务器是网络环境中的高性能计算机

B. 客户机能够享受服务器提供的各种资源和服务

C. 服务器和客户机的性能必须适应会计软件的运行要求

D. 路由器是一根网线上网，上网分别拨号，各自使用自己的宽带，上网互不影响

答案：ABC

解析：交换机是一根网线上网，但是上网是分别拨号，各自使用自己的宽带，上网互不影响。而路由器比交换机多了一个虚拟拨号功能，通过同一台路由器上网的计算机是共用一个宽带账号，上网要相互影响。

5. 下列各项中属于输入设备的有（　　）。

A. 扫码器

B. POS 机

C. 芯片读卡器

D. 光电自动扫描仪

答案：ABCD

解析：计算机常见的输入设备有键盘、鼠标、光电自动扫描仪、条形码扫描仪（又称扫码器）、二维码识读设备、POS 机、芯片读卡器、语音输入设备、手写输入设备等。

6. CPU 能直接访问的存储器有（　　）。

A. ROM

B. RAM

C. 软盘

D. 硬盘

答案：AB

解析：内存储器与 CPU 直接连接，ROM 和 RAM 属内存储器，软盘和硬盘属外存储器。

7. 下列选项中，属于硬件设备的有（　　）。

A. 处理设备和存储设备

B. 通信设备和机房设施

C. 输入设备和输出设备

D. 操作系统和处理程序

答案：AC

解析：略

8. 在会计电算化领域，会计人员一般用（　　）来完成会计数据或相关信息的输入工作。

A. 键盘

B. 鼠标

C. 扫描仪

D. 打印机

答案：ABC

解析：键盘和鼠标是计算机最主要的输入设备。在会计软件中，键盘一般用来完成会计数据或相关信息的输入工作；鼠标一般用来完成会计软件中的各种用户指令，选择会计软件各功能模块的功能菜单；扫描仪一般用来完成原始凭证单据的扫描，并将扫描结果存入会

计软件相关数据库中。

9. 下列属于单机结构优点的是(　　)。

A. 集中程度高

B. 配置成本低

C. 数据共享程度高

D. 一致性好

答案：BCD

解析：单机结构的优点在于使用简单，配置成本低，数据共享程度高，一致性好。集中程度高是多机松散结构。

10. 下列设备中，不属于输入设备的有(　　)。

A. 中央处理器

B. 显示器

C. 鼠标

D. 硬盘

答案：ABD

解析：计算机常见的输入设备有键盘、鼠标、光电自动扫描仪、条形码扫描仪(又称扫码器)、二维码识读设备、POS 机、芯片读卡器、语音输入设备、手写输入设备等。

11. 下列各项中，属于多用户硬件结构缺点的有(　　)。

A. 应用软件较少

B. 主机负载过大

C. 费用较高

D. 容易拥堵

答案：ABCD

解析：略

12. 下列各项中，不属于输出设备的有(　　)。

A. 打印机

B. 光盘

C. 显示器

D. 中央处理器

答案：BD

解析：打印机和显示器属于输出设备，光盘属于存储设备，中央处理器属于处理设备，所以选 BD。

13. 下列硬件中，具有记忆能力的有(　　)。

A. 硬盘

B. 内存

C. 控制器

D. 运算器

答案：AB

解析：存储器是指计算机中具有记忆能力的部件，用来存放程序和数据，分为内存和外存(硬盘是外存)。所以选 AB。

14. 中央处理器简称 CPU,是计算机系统的核心,它是由(　　)组成的。

A. 内存储器

B. 运算器

C. 外存储器

D. 控制器

答案:BD

解析:中央处理器简称 CPU,它是计算机的核心部件,其性能高低直接决定一台计算机系统的档次,CPU 是由运算器和控制器构成。

15. 下列各项中,属于计算机输入设备的有(　　)。

A. 光电自动扫描仪和条形码扫描仪

B. 键盘和鼠标

C. 显示器和打印机

D. 语音输入设备和手写输入设备

答案:ABD

解析:计算机常见的输入设备有键盘、鼠标、光电自动扫描仪、条形码扫描仪(又称扫码器)、二维码识读设备、POS 机、芯片读卡器、语音输入设备、手写输入设备等。显示器和打印机属于输出设备。

16. 下列关于存储器功能的描述中,不正确的有(　　)。

A. 存放程序和数据

B. 控制协调计算机各部件工作

C. 从内存中提取和执行指令

D. 在控制器的控制下按照指定地址存入和取出各种信息

答案:BC

解析:存储器是指计算机系统中具有记忆能力的部件,用来存放程序和数据。基本功能是在控制器的控制下按照指定的地址存入和取出各种信息。

17. 常见的打印机有(　　)。

A. 针式打印机

B. 喷墨打印机

C. 激光打印机

D. 热敏打印机

答案:ABCD

解析:本题考核常见的打印机的内容。

18. 浏览器/服务器结构的工作特点有(　　)。

A. 服务器是实现会计功能软件的核心

B. 客户机上只需安装浏览器程序

C. 用户通过浏览器向服务器发出请求

D. 服务器对浏览器的请求进行处理

答案:ABCD

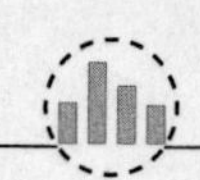

解析：浏览器/服务器结构模式下，服务器是实现会计软件功能的核心部分，客户机上只需安装一个浏览器，用户通过浏览器向分布在网络上的服务器发出请求，服务器对浏览器的请求进行处理，将用户所需信息返回到浏览器。

19. 下列有关微型计算机名称的表述中，正确的有（　　）。

A. PC

B. 计算机

C. 服务器

D. 个人计算机

答案：ABD

解析：略

三、判断题

1. CPU 是计算机主机的核心部件，主要功能是按照程序给出的指令序列分析并执行指令。（　）

答案：正确

解析：本题考核中央处理器（CPU）的作用。

2. 浏览器/服务器结构的优点在于维护和升级方式简单，运行成本低；其缺点在于系统客户端软件维护的工作量大，且数据库的使用一般仅限于局域网的范围内。（　　）

答案：错误

解析：浏览器/服务器（B/S）结构的优点在于维护和升级方式简单，运行成本低；其缺点是应用服务器运行数据负荷较重。客户机/服务器（C/S）结构的缺点在于系统客户端软件安装维护的工作量大，且数据库的使用一般仅限于局域网的范围内。

3. 与内存储器相比，外存储器容量大，价格低，但存储速度较慢。（　）

答案：正确

解析：外存储器主要用来存储大量的暂不参加运算或处理但又需要长期保留的数据和程序，是内存的后备和补充，与内存相比，外存储器容量大，关机后信息不会丢失，但存取速度较慢。

4. 会计软件中的各种数据一般存储在内存储器中。（　）

答案：错误

解析：外存储器一般存储容量较大，所以会计软件中的各种数据一般存储在外存储器中。

5. 存储器的基本功能是在运算器的控制下按照指定地址存取各种信息。（　）

答案：错误

解析：存储器的基本功能是在控制器的控制下按照指定地址存取各种信息。

6. 运算器和控制器构成了中央处理器 CPU。（　）

答案：正确

解析：CPU 由运算器和控制器两部分组成。

7. 随 Windows 95 操作系统流行的是 83 键键盘。（　　）

答案：错误

解析：随 Windows 95 操作系统流行的是 101 键和 104 键键盘。

8. 在会计软件中，鼠标一般用来完成会计软件中的各项用户指令。（　　）

答案：正确

解析：在会计软件中，键盘一般用来完成会计数据或相关信息的输入工作；鼠标一般用来完成会计软件中的各种用户指令，选择会计软件各功能模块的功能菜单。

9. 显示器和二维码识读设备是两种主要的输出设备。（　　）

答案：错误

解析：计算机常见的输出设备有显示器和打印机。

10. 在多机松散硬件结构中，各台计算机可以发生直接的数据关系。（　　）

答案：错误

解析：多机松散结构是指有多台计算机，但每台计算机都有相应的输入输出设备，每台计算机仍属单机结构，各台计算机不发生直接的数据联系（通过磁盘、光盘、U 盘、移动硬盘等传送数据）。

11. B/S 结构的优点在于维护和升级方式简单，运行成本低。（　　）

答案：正确

解析：B/S 结构是指浏览器/服务器结构，B/S 结构维护和升级方式简单，运行成本低，但应用服务器运行数据负荷较重。

12. 所谓硬件，就是指计算机设备的实体，它是计算机工作的物质基础。（　　）

答案：正确

解析：硬件系统是指组成一台计算机的各种物理装置，它们由各种具体的物理器件组成，是计算机进行工作的物质基础。

13. 在会计软件中，显示器既可以显示用户在系统中输入的各种命令和信息，也可以显示系统生成的各种会计数据和文件。（　　）

答案：正确

解析：略

14. 硬件设备一般包括输入设备、处理设备、存储设备、输出设备、操作系统和机房设施。（　　）

答案：错误

解析：略

15. 常用的计算机输入设备有键盘、鼠标、扫描仪、显示器、绘图仪。（　　）

答案：错误

解析：略

16. 在多用户硬件结构中，会计数据可以通过各终端分散输入，并集中存储和处理。（　　）

答案：正确

解析：略

第二节　会计软件的软件环境

一、单选题

1. 下列软件中，属于网络底层通信协议软件或协议转换软件的有(　　)。

A. 网络浏览器

B. 电子邮件

C. 网络文件管理程序

D. TCP/IP 协议

答案：D

解析：实现网络底层各种通信协议的通信软件或协议转换软件，一般包含在网络操作系统内，如 TCP/IP 协议。

2. (　　)是为解决各类实际问题而专门设计的软件。

A. 系统软件

B. 数据库管理系统

C. 应用软件

D. 支撑软件

答案：C

解析：应用软件是为解决各类实际问题而专门设计的软件。选项 A 是用来控制计算机运行，管理计算机的各种资源，并为应用软件提供支持和服务的一类软件。选项 BD 属于系统软件的范畴，选项 B 是一种操纵和管理数据库的大型软件；选项 D 是为配合应用软件有效运行而使用的工具软件。

3. 下列说法正确的是(　　)。

A. Access 和 Visual FoxPro 是操作系统软件

B. Basic 和 Java 是支持软件

C. Windows XP 是图形窗口界面的操作系统软件

D. Linux 是数据库管理系统

答案：C

解析：选项 A 是数据库管理系统；选项 B 是高级语言；选项 D 是操作系统。

4. 计算机软件包括应用软件和(　　)。

A. 游戏软件

B. 程序设计软件

C. 数据库管理软件

D. 系统软件

答案：D

解析：计算机软件可分为系统软件和应用软件两大类。

5. 下列软件中不属于应用软件的是(　　)。

A. 字表处理软件

B. 财务管理软件

C. 高级语言编译程序

D. 会计软件

答案：C

解析：高级语言编译程序是语言处理程序的一种，属于系统软件，不是应用软件。

6. 下面有关计算机操作系统的叙述，不正确的是(　　)。

A. 操作系统属于系统软件

B. 操作系统只负责管理内存储器，而不管理外存储器

C. UNIX 是一种操作系统

D. 计算机的处理器、内存等硬件资源也由操作系统管理

答案：B

解析：操作系统的功能是负责支撑应用程序的运行环境以及用户操作环境的系统软件，具有对硬件直接监管、管理各种计算机资源以及提供面向应用程序的服务等功能。

7. Excel 属于(　　)。

A. 文字处理软件

B. 电子表格软件

C. 图形处理软件

D. 课件制作软件

答案：B

解析：Microsoft Office Excel，属于微软办公软件里面的一个组件，用于创建电子表格的一个程序。可以称为办公软件、电子表格软件、统计软件等。

8. Oracle、Sybase、Visual FoxPro 属于(　　)。

A. 操作系统

B. 数据库管理系统

C. 支撑软件

D. 语言处理系统

答案：B

解析：目前常用的数据库管理系统有 Oracle、Sybase、Visual FoxPro、Informix 等。

9. (　　)是用来控制计算机运行、管理计算机的各种资源，为应用软件提供支持和服务。

A. 控制器

B. 操作系统

C. 系统软件

D. CPU

答案：C

解析：本题考核系统软件的概念，系统软件是用来控制计算机运行、管理计算机的各种资源，为应用软件提供支持和服务的一类软件。

10. 下列关于操作系统的表述中，不正确的是(　　)。

A. 其他软件在操作系统提供的平台上运行

B. 负责管理计算机系统的全部软件和硬件资源

C. 为用户提供操作界面和编程接口

D. 解决各类实际问题

答案：D

解析：应用软件解决各类实际问题。

11. (　　)是指为配合应用软件有效运行而使用的工具软件。

A. 操作系统

B. 数据库管理系统

C. 支撑软件

D. 语言处理程序

答案：C

解析：支撑软件是指为配合应用软件有效运行而使用的工具软件，它是软件系统的一个重要组成部分。

12. 计算机软件一般可以分为(　　)两大类。

A. 实用程序和软件工具

B. 操作系统和数据库管理系统

C. 系统软件和应用软件

D. 操作系统和语言处理系统

答案：C

解析：计算机软件分为系统软件和应用软件两大类。

13. 在会计软件中，(　　)一般用来完成会计软件中的各种用户指令，选择会计软件各功能模块的功能菜单。

A. 键盘

B. 鼠标

C. 扫描仪

D. 打印机

答案：B

解析：在会计软件中，鼠标一般用来完成会计软件中的各种用户指令，选择会计软件各功能模块的功能菜单。选项 A 一般用来完成会计数据或相关信息的输入工作；选项 C 一般用来完成原始凭证单据的扫描，并将扫描结果存入会计软件相关数据库中；选项 D 属于输出设备，一般用于打印输出各类凭证、账簿、财务报表等各种会计资料。

14. (　　)是指按一定的方式组织起来的数据的集合。

A. 操作系统

B. 数据库

C. 支撑软件

D. 语言处理软件

答案：B

解析：数据库是指按一定的方式组织起来的数据的集合，它具有数据冗余度小、可共享等特点。

15. 系统软件中的核心是(　　)。

A. 操作系统

B. 语言处理程序

C. 工具软件

D. 数据库管理系统

答案：A

解析：操作系统是系统软件的核心，是最基本、最重要的系统软件，是计算机系统必不可少的基本组成部分。

16. 下列软件中，(　　)不属于数据库管理系统。

A. Access

B. FoxPro

C. SQL Server

D. FTP

答案：D

解析：FTP 是网络文件传输，是一种网络通信软件，不属于数据库管理系统。

17. 安装会计软件的前期准备之前，必须首先要做的是(　　)。

A. 确保计算机的操作系统符合会计软件的运行要求

B. 安装数据库管理系统

C. 安装计算机缺少的支撑软件

D. 进行病毒的查杀

答案：A

解析：在安装会计软件前，技术支持人员必须首先确保计算机的操作系统符合会计软件的运行要求。

18. 下列各项中，属于应用软件的是(　　)。

A. 操作系统

B. 学生成绩管理程序

C. 数据库管理系统

D. 语言处理程序

答案：B

解析：ACD 三个选项属于系统软件。

二、多选题

1. 下列设备中，属于操作系统的有(　　)。

A. Windows

B. Linux

C. UNIX

D. Lotus

答案：ABC

解析：目前比较通用性的操作系统有 Windows、UNIX、Linux 等。Lotus 是办公自动化系统，属于应用软件。

2. 下列软件中，属于应用软件的有(　　)。

A. 操作系统

B. SQL Server

C. 会计核算软件

D. 企业管理软件

答案：CD

解析：会计核算软件和企业管理软件属于应用软件。SQL Server 属于数据库管理系统，与操作系统同属于系统软件。

3. 数据库系统的组成部分包括(　　)。

A. 数据库

B. 数据库管理系统

C. 应用程序

D. 硬件

答案：ABCD

解析：数据库系统主要由数据库、数据库管理系统组成，此外还包括应用程序、硬件和用户。

4. 下列关于应用软件的说法中，正确的有(　　)。

A. 用于管理和维护计算机资源

B. 是为解决各类应用问题而设计的各种计算机软件

C. 是计算机系统必备的软件

D. Word 和 Excel 都属于应用软件

答案：BD

解析：应用软件是在硬件和系统软件的支持下，为解决各类具体应用问题而编制的软件。选项 AC 描述的是系统软件。

5. 下列软件属于数据库管理系统的有(　　)。

A. Oracle

B. Excel

C. Windows

D. Access

答案：AD

解析：选项 B 是表格处理软件，选项 C 是操作系统。

6. 高级语言的源程序需翻译成机器语言能执行的目标程序才能执行，这种翻译方式有(　　)。

A. 汇编

B. 转换

C. 编译

D. 解释

答案：ACD

解析：语言处理程序包括汇编程序、解释程序和编译程序。

7. 与会计软件同样属于应用软件类的还有(　　)。

A. 文字处理软件

B. 表格处理软件

C. 图像处理软件

D. 游戏软件

答案：ABCD

解析：应用软件是为解决各类实际问题而专门设计的软件。包括 Office 系统、图形图像软件、通信软件、统计软件、游戏软件和会计软件。

8. 安装会计软件的前期准备包括(　　)。

A. 必须确保计算机的操作系统符合会计软件的运行要求

B. 需要安装数据库管理系统

C. 需要安装计算机缺少的支撑软件

D. 应考虑会计软件与数据库系统的兼容性

答案：ABCD

解析：安装会计软件的前期准备：①必须首先确保计算机的操作系统符合会计软件的运行要求；②然后需要安装数据库管理系统；③会计软件的正常运行需要某些支撑软件的辅助，安装完数据库管理系统后，技术支持人员应当安装计算机缺少的支持软件；④技术支持人员安装会计软件，同时应考虑会计软件与数据库系统的兼容性。

9. 关于会计软件界面应当使用的文字，以下说法正确的是(　　)。

A. 应当使用中文并且提供中文处理的支持

B. 可以同时提供其他文字对照支持

C. 应当同时提供外国文字

D. 可以同时提供其他文字处理支持

答案：ABD

解析：会计软件界面应当使用中文并且提供中文处理的支持，可以同时提供其他文字对照和处理支持。

10. 下列选项中，属于计算机语言处理程序的工作有(　　)。

A. 解释程序

B. 编译程序

C. 查杀病毒

D. 文字录入

答案：AB

解析：略

11. 下列属于系统软件的是(　　)。

A. Windows

B. Oracle

C. Basic 语言

D. Word 文字处理软件

答案：ABC

解析：系统软件包括：①Windows、UNIX、Linux 操作系统；②语言处理程序；③数据

库管理系统。

三、判断题

1. 没有语言处理程序的支持,用户编写的应用软件也可以被计算机接受和执行。(　　)

答案:错误

解析:没有语言处理程序的支持,用户编写的应用软件就无法被计算机接受和执行。

2. 系统软件是为了管理、维护计算机资源而编制的程序和有关文档的总和,其中数据库管理系统最为重要,它是所有软件的核心。(　　)

答案:错误

解析:系统软件的核心是操作系统。

3. 应用软件是为解决各类应用问题而设计的各种计算机软件,文字处理和电子表格软件都属于应用软件。(　　)

答案:正确

解析:应用软件是在硬件和系统软件的支持下,为解决各类具体应用问题而编制的软件。计算机用户日常使用的绝大多数软件,如文字处理软件、表格处理软件、游戏软件等,都是应用软件。

4. 操作系统是软件系统的核心。(　　)

答案:正确

解析:操作系统是软件系统的核心。

5. 没有语言处理程序的支持,用户编写的应用软件就无法被计算机接受和执行。(　　)

答案:正确

解析:没有语言处理程序的支持,用户编写的应用软件就无法被计算机接受和执行。

6. 操作系统的主要功能是管理计算机资源。(　　)

答案:正确

解析:操作系统是最基本、最重要的系统软件,已成为计算机系统必不可少的基本组成部分。它负责管理计算机系统的全部软件资源和硬件资源。

7. 计算机软件包括系统软件、应用软件和会计核算软件三大类。(　　)

答案:错误

解析:计算机软件分为系统软件和应用软件两大类。系统软件是用于对计算机软硬件资源进行管理、监控和维护,以及对各类应用软件进行解释和运行的软件,是计算机必备的支持软件。而应用软件是在硬件和系统软件支持下,为解决各类具体应用问题而编制的软件,会计核算软件属于应用软件。

8. 会计软件是基于数据库系统的应用软件。(　　)

答案:正确

解析:数据库具有存储和管理会计数据的作用,会计软件是基于数据库系统的应用软件。

9. 任何一款会计软件都可以安装在多种不同的操作系统中。(　　)

答案:错误

解析:略

10. 数据库管理系统是最重要的系统软件。(　　)

答案：错误

解析：操作系统是最重要的系统软件。

11. 数据库系统主要由数据库和数据库管理系统组成。(　　)

答案：正确

解析：略

12. 系统软件是指用于对计算机资源的管理、监控和维护，以及对各类应用软件进行解释和运作的软件。(　　)

答案：错误

解析：略

13. 软件分为数据库软件、系统软件和应用软件。(　　)

答案：错误

解析：本题考核计算机软件的内容，软件分为系统软件和应用软件。

第三节　会计软件的网络环境

一、单选题

1. 下列关于计算机网络的说法中，错误的有(　　)。
   A. 局域网是一种在小区域内使用的网络
   B. 城域网的覆盖范围可以是一个国家或多个国家，甚至整个世界
   C. 城域网是作用范围在广域网与局域网之间的网络
   D. 广域网是一种远程网，涉及长距离的通信

答案：B

解析：城域网的覆盖范围可以延伸到整个城市；广域网的覆盖范围可以是一个国家或多个国家，甚至整个世界。

2. 一个单位或部门组建的小范围网络，通常称为(　　)。
   A. 局域网
   B. 城域网
   C. 广域网
   D. 计算机局域网络

答案：A

解析：局域网是一种在小区域内使用的，由多台计算机组成的网络，覆盖范围通常局限在 10 千米范围之内，属于一个单位或部门组建的小范围网。

3. 计算机网络的主要功能不包括(　　)。
   A. 资源共享
   B. 数据处理
   C. 数据通信
   D. 分布处理

答案：B

解析：计算机网络的功能主要体现在资源共享、数据通信和分布处理三个方面。

4. 广域网的覆盖范围最大可以是（　　）。

A. 整个城市

B. 一个国家

C. 多个国家

D. 整个世界

答案：D

解析：略

5. 以下不属于网络连接设备的是（　　）。

A. 中继器

B. 显示器

C. 交换机

D. 路由器

答案：B

解析：网络连接设备是把网络中的通信线路连接起来的各种设备的总称，这些设备包括中继器、交换机和路由器等。

6. 一座大楼中的各室计算机进行联网，这个网络属于（　　）。

A. WAN

B. LAN

C. MAN

D. GAN

答案：B

解析：局域网（LAN）是一种在小区域内使用的由多台计算机组成的网络，如公司内部网络、校园网等。

7. 计算机网络中的局域网、广域网、城域网的分类依据是（　　）。

A. 传输介质

B. 地理范围

C. 传输速度

D. 拓扑结构

答案：B

解析：该题考核计算机网络分类知识点。按地理有效范围划分，可分为广域网、局域网、城域网。

8. 下列选项中，属于计算机局域网络硬件结构的有（　　）。

A. 客户机/服务器（C/S）结构

B. 多用户结构

C. 浏览器/服务器（B/S）结构

D. 多机松散结构

答案：AC

解析：略

9. 以下属于建立计算机网络目的有（　　）。

A. 信息传送

B. 硬件资源共享

C. 软件资源共享

D. 信息资源共享

答案：ABCD

解析：计算机网络的主要功能包括资源共享、信息传送(数据通信)和分布处理。其中的资源共享包括硬件资源、软件资源和信息资源。

二、多选题

1. 下列关于广域网的描述中，正确的有(　　)。

A. 广域网又称远程网

B. 广域网覆盖范围可以是一个国家或多个国家

C. 广域网是介于城域网和局域网之间的网络

D. Internet 是广域网

答案：ABD

解析：城域网是介于广域网和局域网之间的网络。

2. 下列关于会计信息的网络组成部分中，说法错误的有(　　)。

A. 网络连接设备是把网络中的通信线路连接起来的各种设备的总称

B. 客户机又称用户工作站，是连接到服务器的计算机

C. 客户机的性能可以不适应会计软件的运行要求

D. 服务器又称伺服器，是网络环境中的低性能计算机

答案：CD

解析：选项 C，会计人员通过客户机使用会计软件，因此客户机的性能必须适应会计软件的运行要求；选项 D 是网络环境中的高性能计算机。

3. 网络连接设备包括(　　)。

A. 服务器

B. 中继器

C. 交换机

D. 路由器

答案：BCD

解析：网络连接设备包括中继器、交换机和路由器等。选项 A 与网络连接设备都是会计信息系统的网络组成部分。

4. 下列关于计算机网络的表述中，不正确的有(　　)。

A. 计算机网络是以硬件资源、软件资源和信息资源共享以及信息传递为目的，在统一的网络协议控制下，将地理位置分散的许多独立计算机系统连在一起形成的网络

B. 在计算机网络中，各种资源可以相互通用，用户可以共同使用网络中的软件、硬件和数据，体现的是计算机网络的数据通信功能

C. 计算机网络可以实现各计算机之间的数据传送，可以根据需要对这些数据进行集中与分散管理，体现的是计算机网络的分布处理功能

D. 计算机网络可以分为局域网、城域网和广域网三类

答案：BC

解析：选项 B，在计算机网络中，各种资源可以相互通用，用户可以共同使用网络中的软件、硬件和数据，体现的是计算机网络的资源共享功能；选项 C，计算机网络可以实现各计算机之间的数据传送，可以根据需要对这些数据进行集中与分散管理，体现的是计算机网络的数据通信功能。

5. 会计信息系统的网络组成部分包括(　　)。

A. 服务器

B. 客户机

C. 网络连接设备

D. 通信设备

答案：ABC

解析：会计信息系统的网络组成部分包括服务器、客户机和网络连接设备。

6. 关于会计信息系统网络组成部分说法正确的有(　　)。

A. 服务器是网络环境中的高性能计算机

B. 客户机能够享受服务器提供的各种资源和服务

C. 一个客户机可以向许多不同的服务器请求，一个服务器也可以向多个不同的客户机提供服务

D. 网络连接设备包括中继器、交换机和路由器

答案：ABCD

解析：本题考核会计信息系统的网络组成部分，会计信息系统的网络由服务器、客户机和网络连接设备组成。其中网络连接设备包括中继器、交换机和路由器。

7. 按覆盖的范围进行分类，计算机网络可以分为(　　)。

A. 广域网

B. 城域网

C. 局域网

D. 无线网

答案：ABC

解析：略

三、判断题

1. 计算机中的某个计算机系统负荷过重时，可以将其处理的任务传送到网络中较空闲的其他计算机系统中，体现的是计算机分布处理的功能。(　　)

答案：正确

解析：计算机中的某个计算机系统负荷过重时，可以将其处理的任务传送到网络中较空闲的其他计算机系统中，以提高整个系统的利用率，这体现的是分布处理的功能。

2. 计算机网络中，资源共享中的资源是指软件和硬件资源。(　　)

答案：错误

解析：资源共享中的资源是指软件、硬件和数据资源。

3. 服务器硬件配置一般高于普通客户机。(　　)

答案：正确

解析：服务器是网络环境中的高性能计算机，服务器的性能必须适应会计软件的运行要求，其硬件配置一般高于普通客户机。

4. 计算机局域网络是一台服务器将许多高档计算机链接在一起，相互通信，共享资源，组成一个功能更强的计算机网络系统。(　　)

答案：错误

解析：计算机局域网络是一台服务器(通常是高档计算机)将许多中低档计算机链接在一起，相互通信，共享资源，组成一个功能更强的计算机网络系统。

5. Internet 的中文翻译为广域网。(　　)

答案：错误

解析：Internet 的中文翻译为因特网。

6. 广域网是远程网，覆盖范围可以是整个世界。(　　)

答案：正确

解析：广域网是一种远程网，涉及长距离的通信，覆盖范围可以是一个国家或多个国家，甚至整个世界。

7. 计算机网络的特点是共享计算机硬件、软件及数据等资源。(　　)

答案：正确

解析：计算机网络的特点是共享硬件资源和共享软件资源，软件资源又分为共享软件和共享数据。

8. 计算机网络是现代计算机技术与通信技术相结合的产物。(　　)

答案：正确

解析：计算机网络是现代计算机技术与通信技术相结合的产物，它是以硬件资源、软件资源、信息共享和信息传递为目的，在统一的网络协议控制下，将地理位置分散的许多独立的计算机系统连接在一起所形成的网络。

9. 计算机系统负荷过重时，可以将其处理的任务传送到网络中较空闲的其他计算机系统中，提高整个系统的利用率，体现计算机网络的数据通信的特点。(　　)

答案：错误

解析：计算机网络的数据通信是指计算机网络可以实现各计算机之间的数据传送，可以根据需要对这些数据进行集中与分散管理，而分步处理是指计算机系统负荷过重时，可以将其处理的任务传送到网络中较为空闲的其他计算机系统中，以提高整个系统的利用率。

10. 服务器是连接到客户机的计算机。(　　)

答案：错误

解析：客户机又称为用户工作站，是连接到服务器的计算机。

11. 服务器的性能必须适应会计软件的运行要求，其硬件配置一般高于普通客户机。(　　)

答案：正确

解析：服务器是网络环境中的高性能计算机，其性能必须适应会计软件的运行要求，其硬件配置一般高于普通客户机。

12. B/S结构即客户机/服务器结构。(　　)

答案:错误

解析:客户机/服务器(C/S)结构。B/S结构即Browser/Server(浏览器/服务器)结构。

13. B/S结构的优点在于维护和升级方式简单,运行成本低。(　　)

答案:正确

解析:本题考核浏览器/服务器结构的优点。B/S结构是指浏览器/服务器结构,B/S结构维护和升级方式简单,运行成本低,但应用服务器运行数据负荷较重。

14. 一台客户机可以向许多不同的服务器请求,一台服务器只能向一台客户机提供服务。(　　)

答案:错误

解析:客户机是一个需要某些服务的程序,而服务器则是提供某些服务的程序。一台客户机可以向许多不同的服务器请求,一台服务器也可以向多台不同的客户机提供服务。

15. 计算机网络可以实现各计算机之间的数据传送,可以根据需要对这些数据进行集中与分散管理。(　　)

答案:正确

解析:略

16. 会计信息系统根据信息技术的影响程度可划分为会计核算系统、会计管理信息系统和会计决策支持系统。(　　)

答案:错误

解析:会计信息系统根据信息技术的影响程度可划分为手工会计信息系统、传统自动化会计信息系统和现代化会计信息系统。题干中是根据功能和管理层次的高低可分为会计核算系统、会计管理信息系统和会计决策支持系统。

17. 广域网络在地理上的距离通常不超过10千米。(　　)

答案:错误

解析:广域网是一种远程网,涉及长距离的通信,覆盖范围可以是一个国家或多个国家,甚至整个世界。广域网地理上的距离可以超过几千千米。

18. 城域网的网络,借助通信光纤将多个局域网联通公用城市网络形成大型网络,但是局域网之间的资源不可以共享。(　　)

答案:错误

解析:略

19. 在会计信息系统的网络中,客户机的硬件配置一定要和服务器保持一致。(　　)

答案:错误

解析:略

20. 会计核算软件应当按照国家统一的会计制度划分会计期间,分期结算账目和编制会计报表。(　　)

答案:正确

解析:略

第四节　会计软件的安全

一、单选题

1. 不属于计算机病毒特点的是(　　)。

A. 寄生性和传染性

B. 破坏性和可触发性

C. 持续性和局限性

D. 潜伏性和隐蔽性

答案：C

解析：病毒的特点是寄生性、传染性、破坏性、可触发性、潜伏性和隐蔽性。

2. 下列不属于计算机感染病毒症状的是(　　)。

A. 系统不识别硬盘

B. 系统异常重新启动

C. 程序或数据丢失

D. 定时进行磁盘碎片整理

答案：D

解析：当计算机感染病毒时，系统会表现出一些异常症状，主要有：①系统启动时间比平时长，运行速度减慢；②系统经常无故发生死机现象；③系统异常重新启动；④计算机存储系统的存储容量异常减少，磁盘访问时间比平时长；⑤系统不识别硬盘；⑥文件的日期、时间、属性、大小等发生变化；⑦打印机等一些外部设备工作异常；⑧程序或数据丢失或文件损坏；⑨系统的蜂鸣器出现异常响声；⑩其他异常现象。

3. 下列各项中，属于规范网络操作的有(　　)。

A. 接收被感染的电子邮件

B. 下载被病毒感染的文件或软件

C. 浏览不安全网页

D. 只开启经过认证安全的网页

答案：D

解析：只开启经过认证安全的网页属于规范的网络操作。浏览不安全网页、下载被病毒感染的文件或软件、接收被病毒感染的电子邮件都属于不规范的网络操作。

4. 计算机病毒是可以造成计算机故障的一种(　　)。

A. 计算机部件

B. 计算机芯片

C. 计算机程序

D. 计算机设备

答案：C

解析：计算机病毒是指编制者在计算机程序中插入的破坏计算机功能或数据，影响计算机使用并且能够自我复制的一组计算机指令或程序代码。

5. 感染计算机存储设备中的可执行文件，在执行文件时进行破坏活动的病毒是

（　　）。

A. 网络病毒

B. 恶性病毒

C. 引导型病毒

D. 文件病毒

答案：D

解析：文件病毒是感染计算机存储设备中的可执行文件，当执行该文件时，再进入内存，控制系统，进行病毒传播和破坏活动的病毒。

6. 在以下操作中，属于不严格管理账套使用权限的是（　　）。

A. 两名会计人员使用一个账号和相同密码

B. 在离开计算机时，必须立即退出会计软件

C. 对账套使用权限进行严格设置和管理

D. 用户不能随便让他人使用计算机

答案：A

解析：属于严格管理账套使用权限的有：在使用会计软件时，用户应该对账套使用权限进行严格管理，防止数据外泄；用户不能随便让他人使用计算机；在离开计算机时，必须立即退出会计软件，以防止他人偷窥系统数据。

7. 专门用于清除计算机病毒的是（　　）。

A. 杀毒软件

B. 通信软件

C. 办公软件

D. 会计软件

答案：A

解析：对于一般用户而言，清除病毒一般使用杀毒软件进行。

8. 发现计算机病毒且不能用杀毒软件清除，比较彻底的清除方式是（　　）。

A. 用查毒软件处理

B. 删除磁盘文件

C. 用杀毒软件处理

D. 格式化磁盘

答案：D

解析：发现计算机病毒且不能用杀毒软件清除，比较彻底的清除方式是格式化磁盘。

9. 通过计算机网络非法进入他人系统的计算机入侵者被称为（　　）。

A. 博客

B. 播客

C. 黑客

D. 红客

答案：C

解析：该题考核黑客的概念。计算机黑客是指通过计算机网络非法进入他人系统的计算机入侵者。

10. 下列操作不符合安全使用会计软件要求的是(　　)。

A. 严格管理账套使用权限

B. 定期打印备份重要的账簿和报表数据

C. 严格管理会计软件版本升级

D. 离开计算机时没有及时退出会计软件

答案：D

解析：安全使用会计软件的基本要求：严格管理账套使用权限、定期打印备份重要的账簿和报表数据、严格管理软件版本升级。其中，严格管理账套使用权限就要求在离开计算机时，必须立即退出会计软件，以防止他人偷窥系统数据。

11. 下列各项中，不能防范计算机病毒的是(　　)。

A. 安装杀病毒软件

B. 定期进行磁盘清理

C. 使用正版软件，杜绝购买盗版软件

D. 计算机系统专机专用，避免安装其他软件

答案：B

解析：定期进行磁盘清理只是清理磁盘中的垃圾文件，进行磁盘清空，不能防范计算机病毒。

12. 计算机黑客在进行密码破解时常用的手段是(　　)。

A. 端口扫描

B. 字典攻击

C. 网络监听

D. 攻击系统漏洞

答案：B

解析：略

13. 下列各项中，通过计算机网络非法进入他人系统的计算机入侵者是(　　)。

A. 管理员

B. IT 工程师

C. 会计人员

D. 计算机黑客

答案：D

解析：略

14. 若发现某 U 盘已感染病毒，则可(　　)。

A. 换一台计算机继续使用该 U 盘

B. 将 U 盘插入计算机后重启计算机

C. 将该 U 盘文件复制到另一个 U 盘上使用

D. 对 U 盘进行格式化

答案：D

解析：若发现某 U 盘已感染病毒，应用杀毒软件清除该 U 盘上的病毒或在确认无病毒的计算机上格式化该 U 盘。

15. 计算机病毒是能够引起计算机故障的(　　)。

A. 病菌

B. 芯片

C. 程序

D. 霉变

答案:C

解析:计算机病毒是指编制者在计算机程序中插入的破坏计算机功能或数据,影响计算机使用并且能够自我复制的一组计算机指令或程序代码。

16. 下列关于计算机病毒的表述中,正确的是(　　)。

A. 不能通过光盘传播

B. 会自生自灭

C. 既能破坏软件系统,又能破坏硬件

D. 只能破坏软件系统

答案:C

解析:选项A,病毒可以具有传染性,可通过各种可能的渠道,如软盘、光盘、计算机网络去传染其他的计算机;选项B,计算机病毒不能自生自灭,需要采用清除或者对磁盘进行格式化来消灭病毒;选项D,计算机病毒具有破坏性,可以造成计算机运行速度变慢、死机等问题,个别恶性病毒可以损坏硬件设备。

17. 对黑客常用手段表述正确的是(　　)。

A. IP嗅探是一种主动式攻击,又叫网络监听

B. 欺骗是一种被动式攻击,目的是使网络中的其他计算机误将冒名顶替者当成原始的计算机而向其发送数据

C. 黑客的主要目的是截取其他计算机的数据报文或口令

D. 黑客利用程序在设计、实现和操作上存在的错误,攻击网络中的目标计算机

答案:D

解析:选项A,IP嗅探是一种被动式攻击,又叫网络监听。它通过改变网卡的操作模式来接收流经计算机的所有信息包,以便截取其他计算机的数据报文或口令;选项B,欺骗是一种主动式攻击,目的是使网络中的其他计算机误将冒名顶替者当成原始的计算机而向其发送数据;选项C,黑客通常采用的攻击方式有字典攻击、假登录程序、密码探测程序等,主要目的是获取系统或用户的口令文件。

18. 计算机病毒造成的危害是(　　)。

A. 破坏计算机系统

B. 机内的电扇不转

C. 使计算机系统突然断电

D. 使磁盘发霉

答案:A

解析:计算机病毒会破坏计算机系统,造成计算机运行速度变慢、死机、蓝屏等问题。

19. 下列有关计算机病毒特点的表述中,错误的是(　　)。

A. 有些病毒侵入系统后,不会对系统和应用程序产生任何影响

B. 如果不经过代码分析，病毒程序与正常程序是不容易区别开来的

C. 大部分病毒感染系统中之后一般不会马上发作

D. 病毒程序能使自身的代码强行传染到一切符合其传染条件的未受感染的程序上

答案：A

解析：计算机病毒具有破坏性，计算机中毒后，可能会导致正常的程序无法运行，也可能删除或不同程度地损坏计算机内的文件。任何病毒只要侵入系统，都会对系统及应用程序产生不同程度的影响。

20. 下列关于计算机病毒的表述中，正确的是(　　)。

A. 潜伏性是指病毒可以寄生在正常程序中，跟随正常程序一起运行

B. 传染性是指病毒可通过不同途径传播

C. 寄生性是指病毒可以事先不发作，在某一时间集中大规模爆发

D. 隐蔽性是指病毒可以在条件成熟时被触发

答案：B

解析：寄生性是指病毒可以寄生在正常的程序中，跟随正常程序一起运行；潜伏性是指病毒可以事先潜伏在计算机中不发作，然后在某一时间集中大规模爆发；隐蔽性是指病毒未发作时不易被发现；可触发性是指病毒可以在条件成熟时被触发。

二、多选题

1. 计算机病毒按破坏能力分类可分为(　　)。

A. 良性病毒

B. 恶性病毒

C. 文件病毒

D. 网络病毒

答案：AB

解析：计算机病毒按破坏能力分类可分为良性病毒和恶性病毒；按存在方式分为引导型病毒、文件病毒和网络病毒。

2. 以下叙述满足会计档案管理要求的是(　　)。

A. 定期将硬盘数据备份到系统以外的存储介质上

B. 备份数据的存储介质应安全、可靠

C. 系统的每一个用户操作完毕后都应进行数据备份

D. 备份数据应妥善保管

答案：ABD

解析：为防止硬盘上的会计数据遭到意外或被人为破坏，用户需要定期将硬盘数据备份到其他磁性介质上(如U盘、光盘等)。在月末结账后，对本月重要的账簿和报表数据还应该打印备份。

3. 计算机感染病毒的异常症状有(　　)。

A. 计算机存储系统的存储容量异常减少

B. 打印等一些外部设备工作异常

C. 系统的蜂鸣器出现异常响声

D. 系统异常重新启动

答案：ABCD

解析：当计算机感染病毒时，系统会表现出一些异常症状，主要有：①系统启动时间比平时长，运行速度减慢；②系统经常无故发生死机现象；③系统异常重新启动；④计算机存储系统的存储容量异常减少，磁盘访问时间比平时长；⑤系统不识别硬盘；⑥文件的日期、时间、属性、大小等发生变化；⑦打印机等一些外部设备工作异常；⑧程序或数据丢失或文件损坏；⑨系统的蜂鸣器出现异常响声；⑩其他异常现象。

4. 属于计算机病毒特点的有(　　)。

A. 隐蔽性

B. 传染性

C. 潜伏性

D. 破坏性

答案：ABCD

解析：病毒具有寄生性、传染性、潜伏性、隐蔽性、破坏性、可触发性等特点。

5. 下列对计算机病毒类型说法正确的有(　　)。

A. 计算机病毒按照计算机病毒的破坏能力分为良性病毒和恶性病毒

B. 计算机病毒按照存在的方式分为引导型病毒、文件病毒和网络病毒

C. 不管是良性病毒还是恶性病毒都会对计算机系统造成损害

D. 良性病毒会使系统瘫痪

答案：ABC

解析：计算机病毒按照计算机病毒的破坏能力分为良性病毒和恶性病毒，良性病毒是指只占有系统 CPU 资源，但不破坏系统数据，不会使系统瘫痪的计算机病毒。

6. 属于不规范网络操作的有(　　)。

A. 浏览不安全网页

B. 接收被感染的电子邮件

C. 使用来历不明的硬盘或者 U 盘

D. 下载被病毒感染的文件或软件

答案：ABD

解析：不规范的网络操作可能导致计算机感染病毒。其主要途径包括浏览不安全网页、下载被病毒感染的文件或软件、接收被病毒感染的电子邮件、使用即时通信工具等。

7. 导致计算机病毒感染的人为因素有(　　)。

A. 接收被感染的电子邮件

B. 浏览不安全网页

C. 使用来历不明的硬盘或者 U 盘

D. 下载被病毒感染的文件或软件

答案：ABCD

解析：导致病毒感染的人为因素有：不规范的网络操作（主要途径包括浏览不安全网页、下载被病毒感染的文件或软件、接收被病毒感染的电子邮件、使用即时通信工具等）、使用被病毒感染的磁盘（使用来历不明的硬盘和 U 盘）。

8. 属于计算机黑客常用的密码攻击方式有（　　）。

A. 端口扫描

B. 密码探测程序

C. 字典攻击

D. 假登录程序

答案：BCD

解析：黑客通常采用的攻击方式有字典攻击、假登录程序、密码探测程序等，主要目的是获取系统或用户的口令文件。

9. 黑客的攻击目标几乎遍及计算机系统的每一个组成部分，其中主要攻击对象有（　　）。

A. 网络组件

B. 网络服务

C. 计算机系统

D. 信息资源

答案：ABCD

解析：黑客的攻击目标盘几乎遍及计算机系统的每一个组成部分，其中主要攻击对象有：网络组件、网络服务、计算机系统、信息资源。

10. 计算机病毒的检测方法通常有（　　）。

A. 拆机检测

B. 返厂检测

C. 人工检测

D. 自动检测

答案：CD

解析：计算机病毒的检测方法通常有两种：①人工检测。人工检测是指通过一些软件工具进行病毒检测。这种方法需要检测者熟悉机器指令和操作系统，因而不易普及。②自动检测。自动检测是指通过一些诊断软件来判断一个系统或一个软件是否有计算机病毒。自动检测比较简单，一般用户都可以进行。

11. 预防计算机病毒的主要措施有（　　）。

A. 经常检查系统内存

B. 在计算机上安装防火墙

C. 计算机系统要专机专用，避免使用其他软件

D. 随意浏览网页

答案：ABC

解析：防范计算机病毒的措施主要有：①规范使用U盘的操作。在使用外来U盘时应该首先用杀毒软件检查是否有病毒，确认无病毒后再使用；②使用正版软件，杜绝购买盗版软件；③谨慎下载与接收网络上的文件和电子邮件；④经常升级杀毒软件；⑤在计算机上安装防火墙；⑥经常检查系统内存；⑦计算机系统要专机专用，避免使用其他软件。

12. 严格管理账套使用权限包括(　　)。

A. 两名会计人员使用一个账号和相同密码

B. 在离开计算机时，必须立即退出会计软件

C. 对账套使用权限进行严格设置和管理

D. 用户不能随便让他人使用计算机

答案：BCD

解析：在使用会计软件时，用户应该对账套使用权限进行严格管理，防止数据外泄；用户不能随便让他人使用计算机；在离开计算机时，必须立即退出会计软件，以防止他人偷窥系统数据。

13. 属于非规范化操作会计软件的有(　　)。

A. 未按照正常操作规范运行软件

B. 密码和权限管理不当

C. 不让他人使用计算机

D. 会计档案保存不当

答案：ABD

解析：常见的非规范化操作包括密码与权限管理不当、会计档案保存不当、未按照正常操作规范运行软件等。

14. 安全使用会计软件的基本要求是(　　)。

A. 严格管理账套使用权限

B. 定期打印备份重要的账簿和报表数据

C. 严格管理版本升级

D. 防范计算机病毒

答案：ABC

解析：安全使用会计软件的基本要求包括：严格管理账套使用权限；定期打印备份重要的账簿和报表数据；严格管理软件版本升级。

15. 下列对于计算机病毒描述正确的有(　　)。

A. 引导型病毒在系统开机时进入内存后控制系统进行传播和破坏

B. 文件型病毒是感染计算机存储设备中的可执行文件

C. 网络病毒是通过计算机网络传播感染网络中的可执行文件的病毒

D. 文件型病毒只用在执行被感染的文件时，才会进行病毒传播和破坏

答案：ABCD

解析：引导型病毒是在系统开机时进入内存后控制系统进行病毒传播和破坏活动的病毒；文件型病毒是感染计算机存储设备中的可执行文件，当执行该文件时，再进入内存控制系统进行病毒传播和破坏活动的病毒；网络病毒是通过计算机网络传播感染网络中的可执

行文件的病毒。

16. 感染计算机病毒的主要症状有(　　)。

A. 系统经常无故发生死机现象

B. 计算机存储系统的存储容量异常减少,磁盘访问时间比平时长

C. 打印机等一些外部设备工作异常

D. 程序或数据丢失或文件损坏

答案:ABCD

解析:计算机感染病毒时,系统会表现出一些异常症状,主要有:①系统启动时间比平时长,运行速度减慢;②系统经常无故发生死机现象;③系统异常重新启动;④计算机存储系统的存储容量异常减少,磁盘访问时间比平时长;⑤系统不识别硬盘;⑥文件的日期、时间、属性、大小等发生变化;⑦打印机等一些外部设备工作异常,如打印机速度变慢、打印异常字符、打印机不能正常连接;⑧程序或数据丢失或文件损坏;⑨系统的蜂鸣器出现异常响声;⑩其他异常现象。

17. 关于计算机病毒的相关描述中,正确的说法有(　　)。

A. 计算机病毒按照破坏能力分为良性病毒和恶性病毒

B. 导致病毒感染的人为因素包括不规范的网络操作和使用被病毒感染的磁盘

C. 系统经常无故发生死机现象是计算机感染病毒的症状之一

D. 计算机病毒的检测方中的人工检测比较简单,一般用户都可以进行

答案:ABC

解析:选项D,计算机病毒的检测方法通常有两种:人工检测与自动检测。人工检测需要检测者熟悉机器指令和操作系统,因而不宜普及;自动检测比较简单,一般用户都可以进行。

三、判断题

1. 计算机病毒可通过键盘进行传播。(　　)

答案:错误

解析:计算机病毒可以通过不同途径传播,但键盘不是一种存储设备,所以计算机病毒不可以通过键盘传播。

2. 使用杀毒软件可以检查和清除所有的病毒。(　　)

答案:错误

解析:使用杀毒软件并不能检查和清除所有的病毒。

3. 计算机病毒可以破坏计算机,造成计算机运行速度变慢、死机、蓝屏等问题。(　　)

答案:正确

解析:略

4. 接收电子邮件不会导致计算机感染病毒。(　　)

答案:错误

解析:略

5. 在使用会计软件时,只需要将硬盘数据备份,不需要打印。(　　)

答案:错误

解析:略

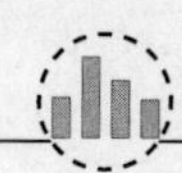

6. 当计算机系统不识别硬盘时,一定是计算机感染病毒。(　)

答案:错误

解析:当计算机系统不识别硬盘时,不一定是计算机感染病毒。

7. 黑客可以利用扫描计算机与外界通信的端口,搜索到计算机的开放端口并进行攻击。(　　)

答案:正确

解析:黑客可以利用扫描计算机与外界通信的端口,搜索到计算机的开放端口并进行攻击。

8. 计算机黑客对计算机技术和网络技术非常精通,能够了解系统的漏洞及其原因所在。(　　)

答案:正确

解析:计算机黑客对计算机技术和网络技术非常精通,能够了解系统的漏洞及其原因所在。

9. 人工检测是指通过一些诊断软件来判断一个系统或者一个软件是否有计算机病毒。(　　)

答案:错误

解析:人工检测是指通过一些软件工具进行病毒检测,而自动检测是指通过一些诊断软件来判断一个系统或一个软件是否有计算机病毒。

10. 导致病毒感染的人为因素只有不规范的网络操作。(　　)

答案:错误

解析:导致病毒感染的人为因素有不规范的网络操作和使用被感染的磁盘。

11. 欺骗是一种被动式攻击,它将网络上的某台计算机伪装成另一台不同的主机。(　　)

答案:错误

解析:欺骗是一种主动式攻击,它将网络上的某台计算机伪装成另一台不同的主机。

12. 计算机病毒可分为引导型病毒、文件病毒和网络病毒。(　　)

答案:正确

解析:计算机病毒可分为引导型病毒、文件病毒和网络病毒。

13. 病毒传播不但能在单个计算机系统范围内进行,而且能够在计算机网络中进行。(　　)

答案:正确

解析:计算机病毒可以在计算机网络中进行传播。

14. 接收并打开被病毒感染的电子邮件及附件不会感染病毒。(　　)

答案:错误

解析:接收并打开被病毒感染的电子邮件及附件可以感染病毒。

15. 清除计算机病毒前,应备份重要的数据。(　　)

答案:正确

解析:清除计算机病毒前,首先要对重要数据进行备份,并验证备份数据可靠,防止丢失。

16. 杀毒软件可以同时清除多种病毒,但是清除后会对计算机中的数据有影响。(　　)

答案:错误

解析:杀毒软件可以同时清除多种病毒,并且对计算机中的数据没有任何影响。

17. 使用杀毒软件可以检查和清除所有的病毒。(　　)

答案:错误

解析:使用杀毒软件并不能检查和清除所有的病毒。

第三章

会计软件的应用

第一节 会计软件的应用流程

一、单选题

1. ( )是指将会计软件的数据输出保存在其他存储介质上，以备后续使用。

A. 日常处理

B. 期末处理

C. 数据备份

D. 数据还原

答案：C

解析：数据备份是指将会计软件的数据输出保存在其他存储介质上，以备后续使用。日常处理是指在每个会计期间内，企业日常运营过程中重复、频繁发生的处理业务过程；期末处理是指在每个会计期间的期末所要完成的特定业务；数据还原是指将备份使用会计软件恢复到计算机硬盘上。

2. 下列说法错误的是( )。

A. 系统初始化包括系统级初始化和模块级初始化

B. 系统级初始化是设置会计软件所公用的数据、参数和系统公用基础信息

C. 系统初始化工作必须完整且尽量满足企业的需求

D. 创建账套并设置相关信息是模块级初始化的内容

答案：D

解析：创建账套并设置相关信息是系统初始化的内容。

二、多选题

系统级初始化的内容主要包括( )。

A. 创建账套并设置相关信息

B. 增加操作员并设置权限

C. 设置系统控制参数

D. 设置基础信息

答案：AB

解析：选项 CD 属于模块级初始化的内容。

三、判断题

本期不结账，将不能处理下期的数据；结账前一定要进行数据备份。（　　）

答案：错误

解析：本期不结账，将不能处理下期的数据。

第二节　系统级初始化

一、单选题

1. 用友 T3 中，增加操作员应当以（　　）身份登录系统管理。

A. 操作员

B. 审核员

C. 系统主管

D. 系统管理员

答案：D

解析：增加操作员应当以系统管理员身份登录系统管理，执行“权限”→“操作员”来设置。

2. 某企业会计科目使用 3-2-2-2 的全编码方案，则 1010101 科目是（　　）。

A. 二级科目

B. 三级科目

C. 四级科目

D. 一级科目

答案：B

解析：该企业的会计科目编码方案是 3222，每个数码表示该级的级长，一级科目编码级长为 3，二级科目编码级长为 2，三级科目编码级长为 2，四级科目编码级长为 2，所以 1010101 是三级科目。

3. 会计科目设置的顺序是（　　）。

A. 先设置下级科目，再设置上级科目

B. 先设置明细科目，再设置一级科目

C. 先设置上级科目，再设置下级科目

D. 不分先后

答案：C

解析：本题考核会计科目的设置。会计科目设置的顺序是先设置上级科目，再设置下级科目。

4. 下列说法正确的是（　　）。

A. 增加会计科目时，应遵循自下而上的顺序

B. 增加的会计科目编码必须遵循会计科目编码方案

C. 删除会计科目时，应遵循自上而下的顺序

D. 已经使用的会计科目可以进行删除

答案：B

解析：增加会计科目时，应遵循自上而下的顺序，先设置上级会计科目，再设置下级会

计科目；删除会计科目应遵循自下而上的顺序，必须先从末级会计科目删除，删除的会计科目不能为已经使用的会计科目。

5. 当会计科目有数量核算时，账簿格式一般设置为（ ）。

A. 普通三栏式

B. 数量金额式

C. 外币金额式

D. 数量外币式

答案：B

解析：用友 T3 中账页格式一般包括普通三栏式、数量金额式、外币金额式等格式。当科目有数据核算时，账簿格式一般设置为数量金额式；当会计科目有外币核算要求时，账簿格式设置为外币金额式。

6. 账务系统中科目编码规则设置的主要内容是（ ）。

A. 科目的级长

B. 科目的级次

C. 科目名称

D. A 和 B

答案：D

解析：在建立账套时，设置科目编码规则时，主要是设置科目的级长和级次。

7. 会计电算化环境下的财务分工实现的基础是会计软件的用户管理功能与（ ）。

A. 数据备份

B. 数据还原

C. 操作权限设置

D. 维护审批手续

答案：C

解析：用户管理功能与操作权限设置是实现财务分工的基础。

8. 在账务处理模块中，若会计科目编码定义为一级 3 位、二级 3 位、三级 2 位、四级 2 位、五级 2 位，则科目编码 5210011009 表示的是（ ）代码。

A. 四级

B. 三级

C. 五级

D. 六级

答案：A

解析：根据会计科目编码规则的“33222”可知，科目编码 5210011009 表示的是四级代码。

9. 下列说法正确的是（ ）。

A. 设置凭证类别是指对记账凭证进行分类

B. 凭证类别的限制科目是指该凭证类别中不能出现的科目

C. 凭证类别的限制条件和限制科目不能对录入的记账凭证进行输入校验

D. 录入的记账凭证不符合用户设置的限制条件，系统会自动退出

答案：A

解析：凭证类别限制科目是指限制该凭证类别所包含的科目，而不是不能出现的科目；凭证类别的限制条件和限制科目组成凭证类别校验的标准，供系统对录入的记账凭证进行输入校验，以便检查录入的凭证信息和选择的凭证类别是否相符；录入的记账凭证不符合用户设置的限制条件或限制科目，系统会提示错误，要求修改，直至符合为止。

10. 在用友 T3 中，系统管理员不能进行(　　)操作。

A. 清除异常任务

B. 账套修改

C. 账套建立

D. 账套备份

答案：B

解析：只有账套主管才能对相应的账套进行修改。

11. 下列说法中，不正确的是(　　)。

A. 上月未记账，本月不可记账

B. 未审核的凭证不能记账

C. 记账过程不能人为终止

D. 记账必须在月末进行

答案：D

解析：略

12. 下列操作中，属于不严格管理账套使用权限的是(　　)。

A. 对账套使用权限进行严格设置和管理

B. 用户不能随便让他人使用计算机

C. 在离开计算机时，必须立即退出会计软件

D. 两名会计人员使用一个账号和相同的密码

答案：D

解析：在使用会计软件时，用户应该对账套使用权限进行严格管理，防止数据外泄；用户不能随便让他人使用计算机；在离开计算机时，必须立即退出会计软件，以防止他人偷窥系统数据。

13. 设置外币时，需要输入的信息不包括(　　)。

A. 币符

B. 币名

C. 折算方式

D. 记账本位币

答案：D

解析：略

二、多选题

1. 在账务系统中，设置科目编码规则的主要内容是(　　)。

A. 科目的级长

B. 科目的级次

C. 科目名称

D. 科目性质

答案：AB

解析：设置编码方案是指设置具体的编码规则，包括编码级次、各级编码长度及其含义。

2.（　　）属于部门档案设置的内容。

A. 部门编码

B. 部门名称

C. 部门属性

D. 部门负责人

答案：ABCD

解析：设置企业部门档案一般包括输入部门编码、名称、属性、负责人、电话、传真等。

3. 在财务软件中，建立会计科目时，输入的基本内容包括（　　）。

A. 科目编码

B. 科目名称

C. 科目类型

D. 账页格式

答案：ABCD

解析：本题考核会计科目的设置。

4. 下列账套信息建立后不能更改的是（　　）。

A. 账套号

B. 账套名称

C. 单位名称

D. 启用会计期间

答案：AD

解析：账套建立完毕后账套号、账套路径、启用会计期间、本位币等信息是不可以进行更改的。

5. 账套是指存放会计核算对象的所有会计业务数据文件的总称，包括（　　）。

A. 会计科目

B. 记账凭证

C. 会计账簿

D. 会计报表

答案：ABCD

解析：账套是指存放会计核算对象的所有会计业务数据文件的总称，账套中包含的文件有会计科目、记账凭证、会计账簿、会计报表等。

6. 下列各项中，属于会计凭证必填内容的有（　　）。

A. 会计科目

B. 制单日期

C. 凭证类别

D. 凭证编号

答案：ABCD

解析：选项 ABCD 是会计凭证必须录入的内容，以上内容如不填写，则不能保存凭证。

7. 凭证类别包括（　　）。

A. 通用凭证

B. 专用凭证

C. 普通凭证

D. 特殊凭证

答案：AB

解析：凭证类别包括通用凭证和专用凭证。

8. 下列属于基础档案的是（　　）。

A. 部门档案

B. 职员信息

C. 往来单位信息

D. 项目信息

答案：ABCD

解析：基础档案信息包括部门档案、职员信息、往来单位信息、项目信息等。

9. 在对会计科目编码时，一般应遵守（　　）原则。

A. 唯一性

B. 统一性

C. 扩展性

D. 合理性

答案：ABC

解析：会计科目编码应该符合会计科目编码规则，在对会计科目编码时，一般应遵守唯一性、统一性和扩展性原则。

10. 下列关于设置基础档案的说法中，正确的有（　　）。

A. 如果企业需要进行往来账管理，必须设置客户档案

B. 如果企业需要进行往来账管理，必须将企业供应商的详细资料录入供应商档案

C. 设置基础档案是后续进行具体核算、数据分类、汇总的基础

D. 设置项目信息属于设置基础档案的内容

答案：ABCD

解析：本题考核基础档案的设置。

三、判断题

1. 账套主管可以对用户的密码进行修改。（　　）

答案：错误

解析：账套主管可以对用户的初始密码进行设置，但是不能对用户的密码进行修改，用户可以在登录后自己修改密码。

2. 删除会计科目时，应先删除上一级科目，然后再删除本级科目。（　　）

答案：错误

解析：修改或删除会计科目应遵循“自下而上”的原则，即先删除或修改下一级科目，然后再删除或修改本级科目。

3. 在会计软件中设置外币核算，只能选择固定汇率。（　）

答案：错误

解析：外币汇率可以选择固定汇率或浮动汇率。

4. 一个特定的核算对象可以作为一个项目进行核算。（　）

答案：正确

解析：设置项目信息中的项目是指一个特定的核算对象或成本归集对象。

5. 一个账套只能保存一个会计核算对象的业务资料。（　）

答案：正确

解析：在同一软件中可以建立一个或多个账套，一个账套只能保存一个会计核算对象的业务资料。

6. 用户不能进行没有权限的操作。（　）

答案：正确

解析：用户不能进行没有权限的操作。

7. 建立账套时，要根据企业的具体情况和核算要求设置相关信息。（　）

答案：正确

解析：略

第三节　账务处理模块的应用

一、单选题

1. 会计核算软件在某月进行月末结账以后，系统应能自动控制（　）。

A. 不得再录入当月凭证

B. 不得录入下月凭证

C. 不重再进行凭证查询

D. 不得再进行账簿打印

答案：A

解析：当月结账后，不能再录入当月的凭证。

2. （　）可以查询统计各级科目的期初余额、本期发生额、累计发生额和期末余额。

A. 总账

B. 多栏账

C. 明细账

D. 余额表

答案：D

解析：利用余额表可以查询和输出总账科目、明细科目在某一时间内的期初余额、本期发生额、累计发生额和期末余额；可以查询和输出某会计科目范围在某一时间内的期初余额、本期发生额、累计发生额和期末余额。

3. 结转期间损益生成的凭证类型为（　）。

A. 转账凭证

B. 银行存款收款凭证

C. 银行存款付款凭证

D. 原始凭证

答案：A

解析：期间损益生成的是转账凭证。

4. 关于记账操作，下列说法中错误的是(　　)。

A. 记账工作由计算机自动进行数据处理

B. 记账一般采用向导方式，使记账过程更加明确

C. 未经审核的凭证也可记账

D. 第一次记账时，若期初余额试算不平衡，不能记账

答案：C

解析：未被审核的凭证不能记账，在电算化方式下，记账凭证经审核签字后，由有记账权限的操作员发出记账指令，由计算机按照预先设计的记账程序自动进行合法性检查、科目汇总并登记总账和明细账、日记账以及备查账等。

5. 银行对账单录入的内容不包括(　　)。

A. 入账日期

B. 结算方式

C. 余额

D. 借贷方发生额

答案：C

解析：录入的对账单内容一般包括入账日期、结算方式、结算单据字号、借方发生额、贷方发生额，余额由系统自动计算。

6. 银行存款日记账的查询与现金日记账的查询操作基本相同，所不同的只是为了方便进行银行对账，银行存款日记账中增加了(　　)项目。

A. 对方科目

B. 结算方式

C. 结算号

D. 票据日期

答案：C

解析：为了方便进行银行对账，银行存款日记账中增加了结算号项目。

7. 支票领用时登记的内容不包括(　　)。

A. 领用部门

B. 领用日期

C. 支票类型

D. 支票用途

答案：C

解析：支票类型不是领用时应登记的事项，领用支票时记录的内容包括：领用部门、领用人信息、领用日期、支票用途、支票金额、支票号、备注等。

8. 月末结账时，账务处理系统应提供(　　)功能。

A. 删除当月所有凭证、账簿

B. 自动将当月余额转入下月

C. 强制打印当月凭证

D. 强制打印当月账簿

答案：B

解析：月末结账时，账务处理系统应提供自动将当月余额转入下月功能。

9. 账务系统中，审核后的凭证(　　)修改。

A. 可以直接

B. 需取消审核后

C. 审核员可以直接

D. 不能再进行

答案：B

解析：审核员与录入员各有其责，审核后的凭证不能直接修改，需要由审核人取消审核后，再由原录入人员修改。

10. 下列选项中，不属于报销支票应该填入的信息的是(　　)。

A. 支票号

B. 支票用途

C. 结算方式

D. 签发日期

答案：B

解析：支票报销时应该填入的相关信息包括：支票号、结算方式、签发日期、收款人名称、付款金额等。支票用途属于支票领用时应该登记的信息。

11. 对账的内容不包括(　　)。

A. 总账和明细账

B. 总账和辅助账

C. 明细账和辅助账

D. 总账和报表

答案：D

解析：对账主要包括总账和明细账、总账和辅助账、明细账和辅助账的核对，为了保证账证相符、账账相符，用户应该经常进行对账。

12. 期初余额录入是将手工会计资料录入到计算机的过程之一，余额和累计发生额的录入要从(　　)科目开始。

A. 一级

B. 二级

C. 三级

D. 最末级

答案：D

解析：期初余额录入是将手工会计资料录入到计算机的过程之一。余额和累计发生额的录入要从最末级科目开始，上级科目的余额和累计发生数据由系统自动计算生成。

13. 本期结账后，可以进行的操作有(　　)。

A. 录入本期凭证

B. 录入上期凭证

C. 录入下期凭证

D. 对下期凭证进行记账操作

答案：C

解析：本期已结账，可以录入下月的凭证，但是不能记账。

14. 下列情况中，能自动核销已对账的记录的是(　　)。

A. 对账单文件中一条记录和银行日记账未达账项文件中的一条记录完全相同

B. 对账单文件中一条记录和银行日记账未达账项文件中的多条记录完全相同

C. 对账单文件中多条记录和银行日记账未达账项文件中的一条记录完全相同

D. 对账单文件中多条记录和银行日记账未达账项文件中的多条记录完全相同

答案：A

解析：用友 T3 中，只有在对账单文件中一条记录和银行日记账未达账项文件中的一条记录完全相同时，才可实现自动核销。选项 BCD 需要手工对账来强制核销。

15. 如果会计核算软件中结账日期设定为每月 25 日，则 7 月 26 日的凭证日期在数据库中应是(　　)。

A. 7 月 25 日

B. 7 月 31 日

C. 8 月 1 日

D. 7 月 26 日

答案：C

解析：会计结账日后不能生成当月凭证。故 7 月 26 日的凭证日期在数据库中应是 8 月 1 日。

16. 账务处理系统中，初始余额录入完成后，应由(　　)校验借贷双方总额平衡。

A. 输入人员

B. 计算机

C. 程序员

D. 账务主管

答案：B

解析：账务处理系统中，初始余额录入完成后，应由计算机校验借贷双方总额平衡。

17. 在账务处理系统中，设置会计科目编码要求(　　)。

A. 可以任意设置

B. 一级科目编码应按财政部统一规定，明细科目按编码规则确定

C. 必须按财政部统一规定

D. 一级科目的编码长度要相同

答案：B

解析：在账务处理系统中，设置会计科目编码要求一级科目编码应按财政部统一规定，

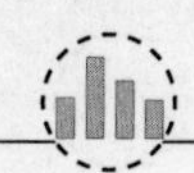

明细科目按编码规则确定。

18. 录入期初余额时，如果会计科目设置了辅助核算，用户应该从（ ）录入期初余额明细数据，系统会自动汇总并生成会计科目的期初余额。

A. 明细账

B. 明细科目

C. 辅助账

D. 辅助账科目

答案：C

解析：录入期初余额时，如果会计科目设置了辅助核算，用户应该从辅助账录入期初余额明细数据，系统会自动汇总并生成会计科目的期初余额。

19. 在会计工作从手工核算向电算化过渡时，需要整理各账户余额，如果在（ ）建账时，只需要整理各账户期初余额。

A. 年初

B. 年中某月

C. 年末

D. 某季度末

答案：A

解析：用户如在会计年度初建账，只需将各个会计科目的期初余额录入到系统中即可。

20. 下列报表中不在账务处理系统中编制和输出的是（ ）。

A. 资金日报表

B. 科目汇总表

C. 试算平衡表

D. 资产负债表

答案：D

解析：资金日报表、科目汇总表和试算平衡表均能在账务处理系统中编制和输出。

二、多选题

1. 下列属于账务处理模块中控制参数设置的内容的有（ ）。

A. 制单序时控制

B. 现金流量项目必录设置

C. 出纳凭证必须经由出纳签字设置

D. 资金及往来赤字控制

答案：ABCD

解析：本题考核账务处理模块中控制参数的设置。在账务处理模块中，常见的参数设置包括：凭证编号方式、是否允许操作人员修改他人凭证、凭证是否必须输入结算方式和结算号、现金流量科目是否必须输入现金流量项目、出纳凭证是否必须经过出纳签字、是否对资金及往来科目实行赤字提示等。

2. 结账前要进行的检查包括（ ）。

A. 检查本月业务是否全部记账，有未记账凭证不能结账

B. 月末结转必须全部生成并已记账，否则本月不能结账

C. 检查上月是否已结账，如果上月未结账，则本月不能结账

D. 核对总账与明细账、总账与辅助账、总账系统与其他子系统的数据是否达到一致，如果不一致，则不能结账

答案：ABCD

解析：期末结账是很重要的一项工作。结账前要进行很多项内容的检查，只有各项检查都通过了，才能结账。

3. 下列属于期末处理的特点的有(　　)。

A. 有较为固定的处理流程

B. 日常业务频繁发生，需要输入的数据量大

C. 业务可以由计算机自动完成

D. 重复性

答案：AC

解析：期末处理的特点：有较为固定的处理流程；业务可以由计算机自动完成。日常业务处理的特点：日常业务频繁发生，需要输入的数据量大；日常业务在每个会计期间重复发生，所涉及金额不尽相同。

4. 在账务处理系统进行科目设置时，设置的会计科目代码应(　　)。

A. 符合会计制度规定

B. 代码必须唯一

C. 符合级次级长要求

D. 代码只有两位

答案：ABC

解析：在账务处理系统进行科目设置时，设置的会计科目代码应该符合会计制度规定、符合级次级长要求，代码必须唯一，代码不只两位，可能有很多位，但最好在8位以内。

5. 支票的管理功能主要包括(　　)。

A. 支票购置

B. 支票领用

C. 支票报销

D. 支票挂失

答案：ABC

解析：支票的管理功能主要包括支票的购置、领用和报销。支票丢失应向银行申请挂失。

6. 依据来源不同，可以将计算公式分为(　　)。

A. 表内取数公式

B. 账务取数公式

C. 本表他页取数公式

D. 他表取数公式

答案：ABCD

解析：依据来源不同，可以将计算公式分为表内取数公式、账务取数公式、本表他页取数公式和他表取数公式四大类。

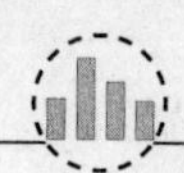

7. 下面关于凭证录入的输入校验说法正确的有(　　)。

A. 会计科目是否是初始化时设置的会计科目

B. 会计科目是否为末级科目

C. 会计科目是否符合凭证的类别限制条件

D. 发生额是否满足“有借必有贷,借贷必相等”的记账凭证要求

答案:ABCD

解析:在凭证实时校验时,系统会对凭证内容的合法性进行校验,校验的内容包括:会计科目是否存在,即会计科目是否是初始化时设置的会计科目;会计科目是否为末级科目;会计科目是否符合凭证的类别限制条件;发生额是否满足“有借必有贷,借贷必相等”的记账凭证要求;凭证必填内容是否填写完整;手工填制凭证号的情况下还需要校验凭证号的合理性。

8. 下列(　　)情况出现时,会计软件当期不能结账。

A. 上期未结账

B. 机内总分类账与机内明细账不一致

C. 会计凭证未全部记账

D. 存在未经审核的记账凭证

答案:ABCD

解析:机内总分类账与明细账不一致、存在未经审核的记账凭证、会计凭证未全部记账、上期未结账时会计软件当期不能结账。

9. 支票购置时应登记的内容包括(　　)。

A. 银行账号

B. 支票规则

C. 支票类型

D. 购置日期

答案:ABCD

解析:本题考核购置时应该登记的信息,主要包括:购置支票的银行账号、购置支票的支票规则、购置的支票类型、购置日期等。

10. 下列情况不能进行月末结账的是(　　)。

A. 有未记账凭证

B. 科目余额试算不平衡

C. 总账与明细账不相符

D. 漏记本月发生的业务

答案:ABCD

解析:记账工作执行时,系统会检查相关工作的完成情况,主要包括:检查本月记账凭证是否已经全部记账,如有未记账凭证,则不能结账;检查上月是否已经结账,如上月未结账,本月不能结账;检查总账与明细账、总账与辅助账是否对账正确,如果对账不正确则不能结账;对科目余额进行试算平衡,如果试算不平衡将不能结账;检查损益类账户是否已经结转到本年利润,如损益类科目还有余额,则不能结账;当其他模块也已经启用时,账务处理模块必须在其他各模块都结账后,才能结账。

11. 下列关于凭证审核和记账操作说法中正确的有(　　)。

A. 凭证审核需要重新注册更换操作员,由具有审核权限的操作员来操作

B. 凭证可以成批审核,也可以逐张审核

C. 记账操作每月可以进行多次

D. 上月未记账,本月同样可以记账

答案:ABC

解析:上月未记账月末就不能结账,因此本月也不能记账。

12. 自定义转账可以完成(　　)。

A. 费用的分配

B. 费用的分摊

C. 费用的计提

D. 税金的计算

答案:ABCD

解析:自定义转账可以完成对各种费用的分配、分摊、计提、税金的计算等。

13. 出纳管理的主要工作包括(　　)。

A. 现金日记账的管理

B. 银行存款日记账的管理

C. 资金日报表的管理

D. 支票管理

答案:ABCD

解析:出纳管理的主要工作包括现金日记账、银行存款日记账和资金日报表的管理,支票管理,进行银行对账并输出银行存款余额调节表。

14. 录入银行对账单的内容包括(　　)。

A. 入账日期

B. 结算方式

C. 结算单据字号

D. 借贷方发生额

答案:ABCD

解析:本题考核银行对账单的内容。

15. 下列对期初余额的表述,正确的是(　　)。

A. 各级科目都必须手工输入期初余额

B. 红字余额以负数表示

C. 期初余额试算不平不能记账,但可以填制凭证

D. 如果已记账,则还可以修改期初余额

答案:BC

解析:A 选项不是所有科目都输入期初余额,对于损益类科目一般没有期初余额。D 选项如果已经记过账,则不能再录入。

16. 下列关于账簿查询的表述中正确的有(　　)。

A. 查询出的账簿数据不一定全部以已记账的凭证为基础

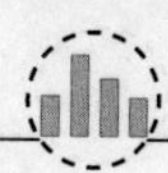

B. 查询到的账簿数据是即时生成的，而不是事先计算和记录的

C. 通过查询到的总账可以直接查询到相应的明细账

D. 会计账簿查询可随时进行

答案：ABCD

解析：ABCD 的说法均正确。电算化软件通常支持账簿包含未记账凭证的查询。

17. 下列关于记账凭证输入的表述中不正确的有（　　）。

A. 凭证编号由计算机自动进行，输入人员不能修改

B. 凭证输入中并不一定会输入科目名称

C. 凭证输入一定要输入末级明细科目

D. 凭证输入中费用类科目发生额可以为零

答案：AD

解析：凭证编号可以计算机自动生成，也可以手工输入；在一张记账凭证中的每个会计科目后都需要录入发生金额，录入发生金额时，必须满足"有借必有贷，借贷必相等"的记账凭证要求，并且一个会计科目不能同时出现借方金额和贷方金额。

18. 属于账务处理模块期末处理的工作有（　　）。

A. 对账

B. 转账

C. 结账

D. 查询

答案：ABC

解析：属于账务处理模块期末处理的工作有：自动转账、对账、结账。

三、判断题

1. 期末结账是结束本期的采购业务单据录入和处理，计算本期相关账户的余额，并将账户余额和基础数据转入下期的过程。（　　）

答案：正确

解析：本题考核期末结账的操作。

2. 结账后，不允许再输入上一会计期间的会计凭证。（　　）

答案：正确

解析：略

3. 经过审核但是未记账的凭证，如果存在错误，可以由审核人直接进行修改。（　　）

答案：错误

解析：经过审核人员审核并已签章而未记账的凭证，如出现错误需要修改，应该由审核人员首先在审核模块中取消对该凭证的审核，然后再由制单人员对凭证进行修改。

4. 企业月末将银行日记账与银行余额调节表进行核对，找出未达账项，并编制银行对账单。（　　）

答案：错误

解析：企业月末将银行日记账与银行对账单进行核对，找出未达账项，并编制银行余额调节表。

5. 银行对账后，自动生成"银行存款余额调节表"。（　　）

答案：正确

解析：在对银行账进行两清勾对后，计算机自动整理汇总未记账和已记账，生成“银行存款余额调节表”，以便检查对账是否正确。

6. 未被审核的凭证不能记账。（　　）

答案：正确

解析：略

7. 企业需要经常对账，对账工作至少半年一次。（　　）

答案：错误

解析：对账工作至少一月一次。

8. 企业收到一张转账支票，应编制转账凭证。（　　）

答案：错误

解析：支票通过银行存款科目核算，收到转账支票应该编制收款凭证。

9. 进行出纳签字，需要在账务处理模块中进行相关参数设置。（　　）

答案：正确

解析：进行出纳签字，需要在账务处理模块设置参数中勾选“出纳凭证是否必须经过出纳签字”选项。

10. 记账过程中可以随时终止。（　　）

答案：错误

解析：记账过程中，不能人为终止记账。

11. 结账工作由计算机自动进行数据处理，每月可多次进行。（　　）

答案：错误

解析：在电算化方式下，结账工作与手工操作相比要简单得多，结账是一种成批数据处理，每月只结账一次，结账主要是对当月日常处理限制和对下月账簿的初始化，均由计算机自动完成。

12. 自动生成的转账凭证不需进行审核记账操作。（　　）

答案：错误

解析：软件中的记账凭证都需要进行审核记账操作。

13. 指定会计科目就是指定出纳专管的科目。指定科目后，才能执行出纳签字，也才能查看现金日记账或银行存款日记账。（　　）

答案：正确

解析：指定会计科目就是指定出纳专管的科目。指定科目后，才能执行出纳签字，从而实现现金日记账、银行日记账管理的保密性，也才能查看现金日记账或银行存款日记账。

14. 上月未结账，本月不可进行任何操作。（　　）

答案：错误

解析：上月未结账，本月可以输入凭证，但是不能进行记账操作。

15. 已经通过审核的凭证可以由审核人员直接修改或删除。（　　）

答案：错误

解析：已经通过审核的原始凭证不能直接被修改或删除，如果要修改或删除，需要审核人员取消审核签字后，才能由制单人进行操作。

16. 账务处理模块设置参数时，企业可以根据自己的业务情况进行选择设置。(　　)

答案：正确

解析：略

17. 会计核算软件的数据处理功能应当具有自动进行银行对账并自动生成“银行存款余额调节表”的功能。(　　)

答案：正确

解析：自动进行银行对账并自动生成“银行存款余额调节表”是银行对账的基本功能。

18. 在账务处理模块中，现金流量科目是否必须输入现金流量项目不是常见的参数设置内容。(　　)

答案：错误

解析：在账务处理模块中，常见的参数设置包括：凭证编号方式、是否允许操作人员修改他人凭证、凭证是否必须输入结算方式和结算号、现金流量科目是否必须输入现金流量项目、出纳凭证是否必须经过出纳签字、是否对资金及往来科目实行赤字提示等。

19. 对账前，必须将银行对账单的内容录入到系统中。(　　)

答案：正确

解析：略

20. 账务处理系统的用户通过建立账套，将一个通用软件转化为适合需要的系统。(　　)

答案：正确

解析：略

第四节　固定资产模块的应用

一、单选题

1. 企业会计软件的账套建立期间为3月1日，则固定资产模块的启用日期不可以是(　　)。

A. 2月28日

B. 3月1日

C. 3月11日

D. 4月1日

答案：A

解析：固定资产模块的启用日期不得早于账套的建立期间。

2. 固定资产核算系统中，执行(　　)操作后，才能开始处理下一个月的业务。

A. 生成凭证

B. 账簿输出

C. 结账

D. 对账

答案：C

解析：固定资产核算系统中，执行结账操作后才能开始处理下一个月的业务。

3. 会计软件中,固定资产的唯一标识是(　　)。

A. 固定资产名称

B. 固定资产类别

C. 固定资产增加方式

D. 固定资产编码

答案:D

解析:固定资产编码是区别固定资产的唯一标识。

4. 固定资产核算系统中,不属于资产变动的是(　　)。

A. 原值变动

B. 部门转移

C. 使用状况变动

D. 代码变动

答案:D

解析:固定资产中,每一基本代码的码长由固定资产的类别和同类固定资产数量的多少来确定,不属于资产变动的内容。

5. 固定资产管理中,计提折旧后,将根据(　　)生成记账凭证。

A. 折旧清单

B. 折旧分析表

C. 折旧统计表

D. 折旧分配表

答案:D

解析:固定资产管理中,计提折旧后,将根据折旧分配表生成记账凭证。

6. 固定资产系统不能够提供的折旧表是(　　)。

A. 固定资产折旧计算明细表

B. 部门折旧计提汇总表

C. 固定资产及累计折旧表

D. 使用状况折旧表

答案:D

解析:固定资产系统能够提供的折旧表有:固定资产折旧计算明细表、部门折旧计提汇总表、固定资产及累计折旧表。

7. 在固定资产核算系统中,能够确定固定资产是否计提折旧的项目是(　　)。

A. 资产名称

B. 资产原值

C. 折旧方法

D. 使用状况

答案:D

解析:因为固定资产计提折旧的依据之一是看是否达到预定的可使用状态。

8. 下列各项中,属于固定资产使用状况的是(　　)。

A. 在建工程转入

B. 毁损

C. 大修理停用和季节性停用

D. 盘盈

答案：C

解析：略

9. 下列各项中，属于固定资产模块期末处理的是（　　）。

A. 计提折旧

B. 固定资产减少

C. 固定资产增加

D. 固定资产变动

答案：A

解析：略

10. 固定资产核算系统计提折旧时是在卡片文件中（　　）进行计算折旧额的。

A. 逐个部门

B. 逐个资产

C. 逐类资产

D. 逐个用途

答案：B

解析：计提折旧是逐个资产计提的，根据每个资产的使用状态、原值、使用期限、折旧方法等计算每个资产每月的应计提的折旧。

11. 固定资产模块初始化时，不属于设置控制参数的内容是（　　）。

A. 设置启用会计期间

B. 设置固定资产编码

C. 设置对应折旧科目

D. 设置折旧相关内容

答案：C

解析：固定资产模块初始化时，设置控制参数的主要内容包括：①设置启用会计期间；②设置折旧相关内容；③设置固定资产编码。

12. 设置固定资产增减方式的操作是在（　　）模块中进行的。

A. 基础设置

B. 固定资产卡片管理

C. 建立固定资产账套

D. 固定资产日常管理

答案：A

解析：略

二、多选题

1. 在固定资产系统的下列操作中，需要进行资产变动处理的有（　　）。

A. 原值增加

B. 净残值（率）调整

C. 使用状况变动

D. 累计折旧调整

答案：ABCD

解析：固定资产管理系统中的资产变动包括：原值变动、使用年限调整、折旧方法调整、净残值(率)调整、累计折旧调整、使用部门变动、使用状况变动、存放地点变动等多种情形。

2. 固定资产卡片包括的内容有(　　)。

A. 固定资产编号

B. 名称

C. 类别

D. 使用部门

答案：ABCD

解析：固定资产卡片记录每项固定资产的详细信息，一般包括：固定资产编号、名称、类别、规格型号、使用部门、增加方式、使用状况、预计使用年限、残值率、折旧方法、开始使用日期、原值、累计折旧等。

3. 固定资产的增加方式包括(　　)。

A. 直接购买

B. 投资者投入

C. 接受捐赠

D. 盘盈

答案：ABCD

解析：本题考核固定资产的增加方式。固定资产增加的方式主要有：直接购买、投资者投入、捐赠、盘盈、在建工程转入、融资租入等。

4. 在固定资产模块化中可以查询和打印与固定资产核算和管理有关的账表包括(　　)等。

A. 固定资产使用状况分析表

B. 固定资产原值一览表

C. 盘盈盘亏报告

D. 固定资产总账

答案：ABC

解析：本题考核固定资产模块的账表查询。

5. 企业可根据固定资产的每一类别分别确定(　　)等，还可以为每一类别指定核算的科目。

A. 使用寿命

B. 残值率

C. 使用状况

D. 使用的折旧方法

答案：ABD

解析：企业可根据固定资产的每一类别分别确定其使用寿命、残值率以及使用的折旧

方法等，还可以为每一类别指定核算的科目。

6. 为便于会计核算软件自动计算固定资产折旧，需要录入固定资产（　　）等信息。

A. 原值

B. 残值

C. 使用寿命

D. 折旧方法

答案：ABCD

解析：为便于会计核算软件自动计算固定资产折旧，需要录入固定资产原值、残值、使用寿命、折旧方法等信息。

7. 在固定资产系统的下列操作中，需要进行资产变动处理的有（　　）。

A. 变更资产编号

B. 净残值(率)调整

C. 折旧方法调整

D. 累计折旧调整

答案：BCD

解析：固定资产管理系统中的资产变动包括：原值变动、使用年限调整、折旧方法调整、净残值(率)调整、累计折旧调整、使用部门变动、使用状况变动、存放地点变动等多种情形。

8. 下列各项中，属于固定资产核算模块的日常处理的有（　　）。

A. 固定资产增加

B. 原始卡片录入

C. 价值信息变更

D. 对账

答案：AC

解析：固定资产管理系统的日常业务处理主要包括固定资产增加、固定资产减少、固定资产变动和生成记账凭证。

9. 固定资产核算系统的初始设置内容主要包括（　　）。

A. 资产类别与部门设置

B. 资产使用状况设置

C. 资产保管状态设置

D. 折旧科目的设置

答案：ABCD

解析：略

10. 设置固定资产基础信息包括（　　）。

A. 设置增减方式

B. 设置折旧对应科目

C. 设置折旧方法

D. 是否计提折旧

答案：ABC

解析：设置固定资产基础信息有：设置折旧对应科目、设置增减方式、设置使用情况、设置折旧方法、设置固定资产类别等。

11. 固定资产日常业务一般包括(　　)。

A. 固定资产使用部门变化

B. 计提折旧

C. 净残值率变化

D. 存放地点变化

答案：ACD

解析：固定资产日常业务一般包括固定资产增加、固定资产减少、固定资产变动等。

12. 在固定资产管理模块中所填制的固定资产卡片应包括(　　)等。

A. 固定资产原始卡片

B. 增加固定资产卡片

C. 减少固定资产卡片

D. 固定资产变动卡片

答案：ABCD

解析：固定资产管理模块中的管理包括填制固定资产原始卡片、增加固定资产卡片、减少固定资产卡片、固定资产变动卡片。

13. 下列各项中，设置固定资产管理模块启用会计期间不正确的有(　　)。

A. 早于该账套建立的时间

B. 晚于该账套建立的时间

C. 任何时间可以启用

D. 等于该账套建立时间

答案：ACD

解析：略

三、判断题

1. 因自然灾害造成的固定资产损失，不属于固定资产减少的方式。(　　)

答案：错误

解析：固定资产减少的方式包括盘亏和毁损。

2. 融资租出的固定资产需要计提折旧。(　　)

答案：错误

解析：融资租出的固定资产不属于企业所有，不需要计提折旧。

3. 会计期间设定完成后，可以对会计期间进行修改。(　　)

答案：错误

解析：会计期间设定完成后不能再对会计期间进行修改。

4. 企业可以根据自身的特点和管理方法，确定一个较为合理的固定资产分类方法。(　　)

答案：正确

解析：略

5. 会计软件中企业只能选择直线法计提折旧。(　　)

答案：错误

解析：会计软件中的折旧方法包括直线法(平均年限法)、工作量法、年数总和法和双倍余额递减法等。

6. 固定资产原值变动不需制作记账凭证传递到总账系统。(　　)

答案：错误

解析：在固定资产原值变动后，需要对固定资产卡片进行数据修改，保存修改后生成记账凭证传递到总账系统。

7. 固定资产模块启用日期可以修改。(　　)

答案：错误

解析：固定资产模块启用日期一旦确定，则不得修改。

8. 如果确定不计提折旧，则不能操作账套内与折旧有关的功能。(　　)

答案：正确

解析：略

9. 固定资产变动影响折旧的因素有年限调整、折旧方法调整、使用部门变动等。(　　)

答案：错误

解析：折旧要素的变更包括使用年限调整、折旧方法调整、净残值(率)调整、累计折旧调整等，使用部门变动不影响折旧的计提。

10. 计提折旧后又对账套进行了影响折旧计算或分配的操作，必须重新计提折旧，否则系统不允许结账。(　　)

答案：正确

解析：本题考核固定资产计提折旧的操作。

11. 企业实行电算化后，根据固定资产卡片中有关信息和规定选用折旧方法，可自动计算折旧，而不需要人工计算和填列。(　　)

答案：正确

解析：在经过初始化设置和正确录入固定资产卡片中有关信息和选用折旧方法后，系统可自动计提折旧并生成记账凭证。

12. 固定资产系统在一个期间内只能执行一次计提折旧功能。(　　)

答案：错误

解析：固定资产系统在一个期间内可以多次执行计提折旧的功能。

13. 设置固定资产控制参数时，如果确定不计提折旧，也可以操作账套内与折旧有关的功能。(　　)

答案：错误

解析：略

14. 捐赠转出不是固定资产减少的方式之一。(　　)

答案：错误

解析：固定资产减少的方式主要有：出售、盘亏、投资转出、捐赠转出、报废、毁损、融资租出。

15. 当月减少的固定资产不需要计提折旧。(　　)

答案：错误

解析：当月减少的固定资产需要先计提折旧。

第五节　工资管理模块的应用

一、单选题

1. 设置计提所得税转账凭证时，借方科目选择(　　)。

A. 所得税费用

B. 应交税费——应交所得税

C. 利润分配

D. 本年利润

答案：A

解析：计提所得税，借方科目为"所得税费用"，贷方科目为"应交税费——应交所得税"。

2. (　　)主要用于对本月工资发放和统计。

A. 工资表

B. 工资分析表

C. 工资条件明细表

D. 工资条件统计表

答案：A

解析：工资表主要用于对本月工资发放和统计，主要包括工资发放表和工资汇总表。

3. 工资管理系统的初始化设置不包括(　　)。

A. 设置工资项目

B. 设置工资类别

C. 设置工资项目计算公式

D. 工资变动数据的录入

答案：D

解析：工资管理模块初始化工作包括设置基础信息和录入工资基础数据。设置基础信息包括设置工资类别、设置工资项目、设置工资项目计算公式、设置工资类别所对应的部门、设置所得税。选项D是工资管理模块日常处理业务。

4. 下列各项中，不属于工资分配的是(　　)。

A. 应付工资

B. 应付福利费

C. 职工教育经费

D. 扣缴所得税

答案：D

解析：扣缴所得税属于计算所得税的内容。

5. 在工资管理模块中，可将工资数据分成两大类，即基本不变数据和变动数据，(　　)属于基本不变数据。

A. 基本工资

B. 出勤天数

C. 每月扣款

D. 实发工资

答案：A

解析：在工资管理模块中，可将工资数据分为两大类，即基本不变数据和变动数据，基本工资属于基本不变数据，出勤天数、每月扣款、实发工资属于变动数据。

6. (　　)是以工资数据为基础，对按部门、人员等方式分类的工资数据进行分析和比较，产生的结果供决策人员使用。

A. 工资发放条

B. 工资汇总表

C. 工资分析表

D. 工作表

答案：C

解析：工资分析表是以工资数据为基础，对按部门、人员等方式分类的工资数据进行分析和比较，产生各种分析表供决策人员使用。

7. 企业在使用工资核算系统之前应对企业的(　　)进行整理分类和编码。

A. 固定资产

B. 部门和人员

C. 材料

D. 产品

答案：B

解析：企业在使用工资核算系统之前应对企业的部门和人员进行整理、分类和编码，固定资产、材料和产品不属于工资核算系统。

8. 在工资管理系统中，每月录入的考勤记录、产量记录、奖金、工资变动单可以形成(　　)。

A. 变动数据文件

B. 基本变动数据文件

C. 基本固定数据文件

D. 固定数据文件

答案：A

解析：在工资管理系统中，每月录入的考勤记录、产量记录、奖金、工资变动单可以形成变动数据文件。

9. 在工资管理系统中，工资计算方法设置就是设置(　　)的计算公式和计算条件。

A. 工资项目

B. 工资总额

C. 工资分配

D. 工资类别

答案：A

解析：在工资管理系统中，工资计算方法设置就是设置工资项目的计算公式和计算条件。

10. 下列各项中，不能通过设置公式自动生成凭证的是(　　)。

A. 发放工资

B. 工会经费

C. 职工教育经费

D. 工资费用分配

答案：A

解析：略

11. 下列各项中，不属于工资管理模块设置基础信息的是(　　)。

A. 设置工资类别所对应的部门

B. 设置所得税

C. 设置应收款核销

D. 设置工资费用分摊

答案：C

解析：略

12. 不属于设置所得税内容的是(　　)。

A. 所得项目

B. 累进税率表

C. 工资项目

D. 基本扣减额

答案：C

解析：所得税设置内容具体包括：基本扣减额、所得项目、累进税率表等。

13. 在下列工资数据项中不属于独立项的有(　　)。

A. 交通补贴

B. 职务工资

C. 奖励工资

D. 加班补贴

答案：D

解析：在工资数据项中属于独立项的有基本工资、职务工资、奖励工资、交通补贴。加班补贴要根据加班时间等其他项目进行核算，无法独立核算。

14. 下列各项中，进行工资费用核算不可能涉及的会计科目是(　　)。

A. 银行存款

B. 长期股权投资

C. 管理费用

D. 应付职工薪酬

答案：B

解析：进行工资费用核算不可能涉及的会计科目是长期股权投资。

二、多选题

1. 下列对工资期末结账说法正确的有(　　)。

A. 工资结账可以对多个工资类别进行结账

B. 本月工资数据未汇总,不能进行月末结转工作

C. 进行期末处理后,当月数据将不再允许变动

D. 期末结账是将当月数据经过处理后结转至下月

答案:BCD

解析:工资管理模块中,若要处理多个工资类别,则应打开工资类别,分别进行月末结算。

2. 在工资管理模块中,数据输入的方式有(　　)。

A. 从外部直接导入数据

B. 成组数据录入

C. 公式计算

D. 单个记录录入

答案:ABCD

解析:由于工资数据具有来源分散等特点,工资管理模块一般提供以下数据输入方式:单个记录录入、成组数据录入、按条件成批替换、公式计算、从外部直接导入数据。

3. 要让会计核算软件自动完成工资计算并生成相关记账凭证,需要事先完成的工作有(　　)。

A. 建立人员档案

B. 设置工资项目并定义其计算关系

C. 录入基础工资数据

D. 定义工资转账关系

答案:ABCD

解析:要让会计核算软件自动完成工资计算并生成相关记账凭证,需要事先完成的工作有:建立人员档案、设置工资项目并定义其计算关系、录入基础工资数据、定义工资转账关系等。

4. 属于工资费用分摊项目的有(　　)。

A. 应付工资

B. 工会经费

C. 职工教育经费

D. 分摊养老保险

答案:ABCD

解析:工资费用分摊项目一般包括应付工资、应付福利费、职工教育经费、工会经费、各类保险等。

5. 工资核算系统的建账工作内容主要包括(　　)。

A. 工资类别等参数设置

B. 计算公式的设置

C. 扣税和扣零设置

D. 职工编码规则设置

答案：ACD

解析：本题考核工资建账的主要内容。

三、判断题

1. 对工资费用分配定义转账关系后，系统才会自动生成转账凭证。(　　)

答案：正确

解析：工资费用分摊完成后，系统会自动生成完整的转账凭证并自动传递到总账的记账凭证临时文件中，完成转账凭证的入账工作。

2. 属于不同工资类别的人员编码可以重复。(　　)

答案：错误

解析：人员编码是唯一的，不可以重复。

3. 工资变动数据录入是指输入某个期间内工资项目中相对不变的数据。(　　)

答案：错误

解析：略

4. 企业设置工资类别所对应的部门后，可以按部门提供人员工资信息。(　　)

答案：正确

解析：略

第六节　应收管理模块的应用

一、单选题

1. 企业本年没有计提过坏账准备，其坏账处理方式参数需要修改的，则(　　)修改。

A. 当年

B. 下一年

C. 不得

D. 以上都不正确

答案：A

解析：企业本年没有计提过坏账准备，其坏账处理方式参数需要修改的，则当年可以修改。

2. 在应收款系统中，取消坏账处理的前提是(　　)。

A. 坏账处理的日期在已经结账月末内

B. 坏账处理后已经制单

C. 坏账处理后尚未制单

D. 坏账处理采用直接转销法

答案：C

解析：在应收款系统中，取消坏账处理的前提条件是坏账处理后尚未制单。若已经制单，则取消制单，删除凭证，再取消坏账处理。

3. 下列各项中，不在应收管理模块中完成的业务的是(　　)。

A. 销售单据处理

B. 客户往来处理

C. 供应商往来处理

D. 票据处理

答案：C

解析：在应收管理模块完成的业务包括销售单据处理、客户往来处理、票据处理及坏账处理等。选项 C 是在应付管理模块中完成的业务。

4. 应收账款是指因为(　　)而发生的欠款。

A. 外单位借款

B. 职工借款

C. 赊销商品

D. 对外投资

答案：C

解析：因赊销商品而形成的应收账款。

5. 下列各项中,不属于应收管理模块中坏账处理的有(　　)。

A. 坏账准备计提

B. 坏账发生

C. 坏账收回

D. 设置账龄区间

答案：D

解析：略

6. 下列各项中,不属于会计报表数据来源的是(　　)。

A. 根据审核公式计算的纠错数

B. 从账务处理或其他模块中直接取数

C. 根据计算公式得到的数

D. 人工输入数

答案：A

解析：略

7. 下列关于会计报表公式定义的表述中,不正确的是(　　)。

A. 公式定义包括计算公式定义、验证(审核)公式定义和舍位平衡公式

B. 验证(审核)公式可以使用逻辑运算符

C. 公式定义可以使用函数

D. 公式定义在格式定义全部完成后进行

答案：D

解析：D 选项表述错误。

8. 不属于应收管理模块控制参数设置中基本信息设置内容的是(　　)。

A. 应收款核销方式

B. 银行账号

C. 启用年份

D. 会计期间设置

答案：A

解析：基本信息的设置主要包括：企业名称、银行账户、启用年份与会计期间设置。

9. 不属于应收管理模块日常处理的内容是(　　)。

A. 转账处理

B. 票据管理

C. 应收账龄分析

D. 应收处理

答案：C

解析：应收管理模块日常处理的内容有：①单据处理(包括应收单据和收款单据的处理、单据核销)；②转账处理(包括应收冲应收、预收冲应收、应收冲应付)；③票据管理；④坏账处理(坏账准备计提、坏账发生、坏账收回)；⑤生成记账凭证。

10. 属于坏账处理方式设置内容的是(　　)。

A. 月末一次加权平均法

B. 个别计价法

C. 备抵法

D. 先进先出法

答案：C

解析：属于坏账处理方式设置内容的是备抵法。

11. 不属于应收管理模块中账表查询内容的是(　　)。

A. 应付账款明细账

B. 往来余额表

C. 往来明细账

D. 往来总账

答案：A

解析：账表查询主要是对往来总账、往来明细账、往来余额表的查询，以及总账、明细账、单据之间的联查。

二、多选题

1. 应收管理模块的票据管理是对(　　)的管理。

A. 商业承兑汇票

B. 银行承兑汇票

C. 银行本票

D. 支票

答案：AB

解析：票据管理用来管理企业销售商品、提供劳务收到的银行承兑汇票或商业承兑汇票。

2. 属于应收管理模块期末处理内容的有(　　)。

A. 期末结账

B. 票据管理

C. 应收账龄分析

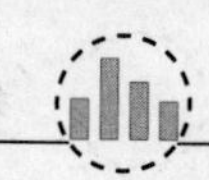

D. 应收账款查询

答案：ABCD

解析：应收管理模块期末处理：①期末结账；②应收账龄分析；③应收账款查询。

三、判断题

1. 应收管理模块的销售发票分为专用发票和普通发票两种。(　　)

答案：正确

解析：略

2. 利用会计核算软件进行账龄分析必须先设置分析区间。(　　)

答案：正确

解析：账款核算模块中只有设置了账龄区间才能进行账龄分析。

3. 应收管理模块的规则选项一般包括核销是否自动生成凭证、预收冲应收是否生成转账凭证等内容。(　　)

答案：正确

解析：应收管理模块的规则选项一般包括：核销是否自动生成凭证、预收冲应收是否生成转账凭证等。

4. 设置坏账处理方式与企业当年是否计提过坏账准备没有任何关系。(　　)

答案：错误

解析：略

5. 应收账款查询包括单据查询和账表查询。(　　)

答案：正确

解析：应收账款查询包括单据查询和账表查询。

6. 应收管理模块基本信息的设置主要包括企业名称、银行账号、启用年份与会计期间等内容。(　　)

答案：正确

解析：略

7. 对于坏账处理方式的设置可以进行修改。(　　)

答案：错误

解析：在账套使用过程中，如果当年已经计提过坏账准备，则坏账处理方式这一参数不能更改，如需更改，只能在下一年修改。

第七节　应付管理模块的应用

一、单选题

1. 下列账表中，不属于应付账款查询内容的是(　　)。

A. 往来总账

B. 往来明细账

C. 应收账款明细账

D. 往来余额表

答案：C

解析：略

2. 不属于企业应付款来源的票据是(　　)。

A. 其他应付单

B. 预收单

C. 专用发票

D. 普通发票

答案：B

解析：企业应付款来源于采购发票(包括专用发票、普通发票)和其他应付单。

3. 不属于应付管理模块控制参数设置内容的是(　　)。

A. 基本信息

B. 规则选项

C. 会计科目

D. 应付款核销

答案：C

解析：控制参数设置内容包括：基本信息的设置、应付款核销的设置、规则选项。

4. 不属于应付管理模块对采购发票具有的功能是(　　)。

A. 修改

B. 复制

C. 删除

D. 新增

答案：B

解析：应付管理模块具有对采购发票与其他应付单的新增、修改、删除、查询、预览、打印、制单、审核记账以及其他处理功能。

二、多选题

1. 应付管理模块中的转账处理包括(　　)。

A. 应付冲应付

B. 预付冲应付

C. 应付冲应收

D. 预收冲应付

答案：ABC

解析：应付管理模块的转账处理包括应付冲应付、预付冲应付和应付冲应收。

2. 属于应付管理模块控制参数设置内容的有(　　)。

A. 会计科目

B. 规则选项

C. 基本信息

D. 应付款核销

答案：BCD

解析：应付管理模块中控制参数设置包括基本信息的设置、应付款核销的设置、规则选项；基础信息设置包括设置会计科目、设置对应科目的结算方式、设置账龄区间。

三、判断题

1. 应付冲应收是指用某供应商的应付款冲抵某客户的应收款项。(　　)

答案：正确

解析：略

2. 应收冲应付是指用某客户的应收款冲抵另一客户的应付款项。(　　)

答案：错误

解析：应收冲应付是指用某客户的应收款冲抵某供应商的应付款项。

3. 应付管理模块不具有对采购发票与其他应付单复制的功能。(　　)

答案：正确

解析：略

4. 应付管理模块结账与采购管理模块是否结账没有关系。(　　)

答案：错误

解析：略

5. 应付账款查询包括单据查询和账表查询两个项目。(　　)

答案：正确

解析：略

第八节　报表管理模块的应用

一、单选题

1. 报表格式设计中，不属于设置单元属性的是(　　)。

A. 定义报表尺寸

B. 字体颜色

C. 边框

D. 数字格式

答案：A

解析：本题考核单元属性设置的内容。

2. 下列各项工作中，(　　)属于运算公式定义前置程序。

A. 报表打印

B. 报表编制

C. 报表输出

D. 报表格式定义

答案：D

解析：报表公式定义之前，要先定义报表格式。

3. 报表系统中，取数是通过(　　)实现的。

A. 数值单元

B. 表页

C. 关键字

D. 函数

答案：D

解析：财务报表管理系统中，取数是通过函数实现的。

4. 下列各项中，不属于报表输出方式的是（　　）。

A. 打印输出

B. 数据生成

C. 图形输出

D. 网络传送

答案：B

解析：略

5. 会计报表系统中，运算公式应在（　　）之后完成。

A. 报表格式定义

B. 报表打印

C. 报表编制

D. 报表输出

答案：A

解析：会计报表系统中，运算公式应在报表格式定义之后完成。

6. 下列各项中，不属于报表格式设计内容的是（　　）。

A. 单元属性

B. 行属性

C. 定义斜线

D. 报表重算

答案：D

解析：本题考核报表格式设计的内容。报表格式定义主要包括定义报表尺寸、定义报表行高列宽、画表格线、定义单元属性、定义组合单元。

7.（　　）是实现计算机自动处理报表数据的关键步骤。

A. 报表编制

B. 报表公式设置

C. 报表名称登记

D. 报表格式设置

答案：B

解析：报表公式设置是实现计算机自动处理报表数据的关键步骤。

二、多选题

1. 在报表管理系统的下列操作中，可打开“定义公式”对话框的有（　　）。

A. 单击 fx 按钮

B. 单击“数据”→“编辑公式”→“单元公式”

C. 按＝键

D. 按空格键

答案：ABC

解析：在定义报表公式时，单击 fx 按钮或者单击数据菜单或按＝键，都可以打开“定义

公式"对话框。

2. 报表的表间项目是指报表的固定单元内容，主要包括（　　）。

A. 表头内容

B. 表体项目

C. 表尾项目

D. 报表名称

答案：ABCD

解析：报表的表间项目主要包括表头内容、表体项目和表尾项目，其中报表名称是表头设置的内容。

3. 报表管理系统中，报表公式定义包括（　　）。

A. 计算公式

B. 审核公式

C. 试算平衡公式

D. 舍位平衡公式

答案：ABD

解析：在报表中，由于各报表的数据间存在着密切的逻辑关系，所以报表中各数据采集、运算需要使用不同的公式，报表中主要有计算公式、审核公式和舍位平衡公式。

4. 审核公式由（　　）和（　　）组成。

A. 关系公式

B. 计算公式

C. 提示信息

D. 舍位平衡公式

答案：AC

解析：审核公式由关系公式和提示信息组成，用于审核报表内或报表间的数据勾稽关系是否正确，不是必须定义的。报表管理模块中，公式设置主要有计算公式、审核公式和舍位平衡公式。

5. 出纳对资金日报表的管理包括（　　）。

A. 查询

B. 输出

C. 打印资金日报表

D. 提供当日借、贷金额合计和余额，以及发生的业务量等信息

答案：ABCD

解析：出纳对资金日报表的管理包括查询、输出或打印资金日报表，提供当日借、贷金额合计和余额，以及发生额业务量等信息。

6. 报表文件的输出方式包括（　　）。

A. 屏幕查询输出

B. 图形输出

C. 磁盘输出

D. 打印输出

答案：ABCD

解析：会计报表按输出方式的不同通常分为：屏幕查询输出、图形输出、磁盘输出、打印输出和网络传送等五种类型。

7. 如果报表数据有误，可能的原因有(　　)。

A. 科目设置错误

B. 期初余额输入时有误

C. 凭证发生数有误

D. 报表公式定义错误

答案：ABCD

解析：如果报表数据有误，可能的原因有：科目设置错误、期初余额输入时有误、凭证发生数有误、报表公式定义错误等。

8. 属于报表格式设置的具体内容有(　　)。

A. 报表行高列宽

B. 报表尺寸

C. 单元属性

D. 组合单元

答案：ABCD

解析：属于报表格式设置的具体内容有：①报表尺寸；②单元属性；③组合单元；④报表行高列宽；⑤画表格线；⑥设置关键字。

9. 自定义会计报表的内容有：格式、项目和(　　)等。

A. 各项目的数据来源

B. 表内和表间的稽核关系

C. 表的性质

D. 表内和表间的数据运算

答案：ACD

解析：本题考核自定义会计报表的内容。

三、判断题

1. 如果单元被定义为表样单元，所输入的内容对所有的表页都有效。(　　)

答案：正确

解析：表样单元是报表的格式，是定义一个没有数据的空表所需的所有文字、符号或数字，一旦单元被定义为表样，那么输入的内容对所有的表页都有效。

2. 计算公式中的设计符号均为英文半角字符。(　　)

答案：正确

解析：本题考核报表公式的输入。

3. 画表格线是为了满足查询打印的需要，可以在报表尺寸设置完毕、报表输出前在适当的位置上画表格线。(　　)

答案：正确

解析：本题考核报表的格式设置。

4. 财务报表的数据只来源于总账系统，并且取数要通过函数实现。(　　)

答案：错误

解析：此题前半句话错误，后半句话正确。企业常用的财务报表数据一般来源于总账系统或报表系统本身，取自于报表的数据又可以分为从本表取数和从其他报表的表页取数，但这些取数都需要通过函数实现。

5. 在会计报表输出方式中，打印输出是最为常见的一种输出方式。（　　）

答案：错误

解析：报表屏幕查询输出是最为常见的一种输出方式。

6. 会计报表生成后可以进行网络传送。（　　）

答案：正确

解析：会计报表输出通常分为：屏幕查询输出、图形输出、磁盘输出、打印输出和网络传送等五种类型。

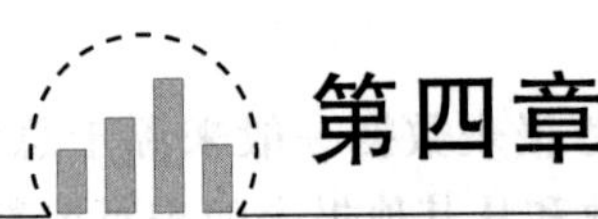

第四章

电子表格软件在会计中的应用

第一节　电子表格软件概述

一、单选题

1. Excel 2003 默认在标签显示区显示前 3 个工作表的名称，从左到右依次为(　　)。

A. Sheet1、Sheet2、Sheet3

B. 表 1、表 2、表 3

C. 工作表 1、工作表 2、工作表 3

D. Book1、Book2、Book3

答案：A

解析：Excel 2003 默认在标签显示区显示前 3 个工作表的名称，从左到右依次为 Sheet1、Sheet2 和 Sheet3。

2. 在 Excel 工作表中为显示数据的组成部分，可插入(　　)图表。

A. 饼图

B. 散点图

C. 折线图

D. 柱状图

答案：A

解析：在 Excel 工作表中为显示数据的组成部分，可插入饼图图表。

3. Excel 2013 文件的扩展名是(　　)。

A. . xlsx

B. . xls

C. . ppt

D. . doc

答案：A

解析：Excel 2003 的扩展名为“. xls”，Excel 2007 和 Excel 2013 的扩展名为“. xlsx”。

4. 下列对 Excel 文件保存的命令错误的是(　　)。

A. 通过功能键 F12 进行保存

B. 通过快捷键 Ctrl+O 进行保存

C. 通过工具栏或者快速访问工具栏进行保存

D. 通过文件菜单进行保存

答案：B

解析：保存的快捷键是 Ctrl＋S，Ctrl＋O 是打开 Excel 文件的快捷键。

5. 使用“文件”菜单中的“保存”命令，保存的是(　　)。

A. 当前工作表

B. 全部工作表

C. 当前工作簿

D. 全部打开的工作簿

答案：C

解析：“文件”菜单中选取“保存”命令是保存当前的工作簿。

6. 下列(　　)不是创建工作簿的方法。

A. 选择 Office 按钮——“新建”命令

B. 单击快速访问工具栏中的按钮

C. 使用快捷键 Ctrl＋O

D. 使用快捷键 Ctrl＋N

答案：C

解析：快捷键 Ctrl＋O 是打开 Excel 文件的命令，不是新建 Excel 的命令。

7. 用鼠标器双击某个工作表标签，该标签为黑色显示，可对该工作表进行(　　)。

A. 删除操作

B. 复制操作

C. 编辑操作

D. 重命名操作

答案：D

解析：对单元格进行双击操作，可以对其进行编辑。对工作表标签进行双击，黑色显示，可以对该工作表进行重命名操作。

8. 关于 Excel 软件的启动不正确的是(　　)。

A. 可通过快捷键 Ctrl＋N 启动 Excel 程序

B. 可通过“运行”对话框启动 Excel 程序

C. 可通过打开现成的 Excel 文件启动 Excel 程序

D. 可通过单击开始菜单中列示的 Excel 快捷命令启动 Excel 程序

答案：A

解析：在已经启动 Excel 软件的情况下，执行 Ctrl＋N 快捷键可以建立一个新的空白工作簿。

9. 关于工具栏的说法下列错误的是(　　)。

A. 工具栏由一系列与菜单项命令具有相同功能的按钮组成

B. Excel 2003 中默认显示常用工具栏和格式工具栏

C. 可以自行设定工具栏中的按钮

D. 工具栏不可以隐藏

答案：D

解析：用户可以根据实际需要，显示或隐藏适用于特定功能的其他工具栏，可通过菜单栏中的视图菜单按钮实现。

10. 下列操作中，不能关闭处于打开状态的 Excel 文件的方法是(　　)。

A. 单击菜单栏最右边的按钮“×”

B. 单击标题栏最右边的按钮“×”

C. 按快捷键 Alt＋F4

D. 按快捷键 Shift＋F4

答案：D

解析：略

11. 启动 Excel 2003 后建立的第一个空白工作簿的文件名是(　　)。

A. Book1. xls

B. Sheet1. xls

C. Book1. xlsx

D. Sheet1. xlsx

答案：A

解析：新建工作簿的文件名是 Book1. xls；新建工作表的文件名是 Sheet1. xls。

12. 下列(　　)不是 Excel 电子表格软件的主要功能。

A. 管理数据

B. 数据共享

C. 制作图表

D. 财务管理

答案：D

解析：Excel 电子表格软件的主要功能有建立工作簿、管理数据、数据网上共享、制作图表、开发应用系统。

二、多选题

1. Excel 中查找的内容包括(　　)。

A. 公式

B. 文本

C. 批注

D. 字符

答案：ABCD

解析：使用 Excel 中的查找命令，可以在工作表中迅速找到那些含有指定字符、文本、公式或批注的单元格。

2. 下列各项中，属于 Windows 操作系统下常用的电子表格软件的有(　　)。

A. 微软的 Excel

B. 金山 WPS 电子表格

C. 苹果的 Numbers

D. LotusNotesWindows

答案：AB

解析：Windows 操作系统下常用的电子表格软件主要有微软的 Excel、金山 WPS 电子表格等；选项 C 属于 Mac 操作系统下的电子表格软件；选项 D 属于专业电子表格软件。

3. Excel 2013 中打开记录单的方法不正确的是(　　)。

A. 按快捷键 Alt＋D＋O

B. 使用快速访问工具栏中的记录单按钮

C. 依次按快捷键 Alt＋D、Alt＋O

D. 使用数据功能区的记录单按钮

答案：AD

解析：Excel 2013 可通过依次按快捷键 Alt＋D、Alt＋O 来打开或者通过单击快速访问工具栏中的记录单按钮来打开。

4. 下列关于 Excel 软件主要功能中的管理数据功能的说法中，正确的有(　　)。

A. 用户通过 Excel 可以直接在工作表的相关单元中输入、存储数据

B. 可以编制销量统计表、科目汇总表、试算平衡表、资产负债表、利润表以及全部数据处理业务所需的表格

C. 可以利用计算机自动、快速地对工作表中的数据进行检索、排序、筛选、分类、汇总等操作

D. 可以运用运算公式和内置函数对数据进行复杂的运算与分析

答案：ACD

解析：选项 B，用户通过 Excel 可以编制销量统计表、科目汇总表、试算平衡表、资产负债表、利润表以及大多数数据处理业务所需的表格。

5. 下列(　　)方法可以退出 Excel 软件。

A. 单击标题栏最右边的关闭按钮

B. 右击任务栏中的 Excel 图标，选择关闭窗口或者关闭所有窗口命令

C. 通过快捷键 Alt＋F4

D. 通过快捷键 Ctrl＋F4

答案：ABC

解析：选项 D，使用快捷键 Ctrl＋F4 只能关闭 Excel 文件，Excel 程序没有退出。

6. Excel 2013 功能区默认的选项卡标签包括(　　)。

A. 开始

B. 插入

C. 行和行号

D. 页面布局

答案：ABD

解析：选项 C 属于工作表区的要素。

7. Excel 2003 中，文件的新建可以通过(　　)执行。

A. 快捷键 Ctrl＋N

B. 执行“文件”→“新建”菜单命令，选定其中的空白工作簿模板

C. 单击工具栏中的“新建”按钮

D. 快捷键 Ctrl＋S

答案：ABC

解析：Excel 2003 中，文件的新建可以通过以下几种方式进行：①通过快捷键 Ctrl＋N；②执行“文件”→“新建”菜单命令，选定其中的空白工作簿模板；③单击工具栏中的“新建”按钮。选项 D 是保存文件的快捷键。

8. 工作表区是 Excel 文件用于存储和处理数据的专门区域，由(　　)要素组成。

A. 工作表

B. 工作表标签

C. 滚动条

D. 列、行

答案：ABCD

解析：工作表区是 Excel 文件用于存储和处理数据的专门区域，由工作表、工作表标签、标签滚动按钮、滚动条和滚动条按钮、列和列号、行和行号、全选按钮、单元格等要素构成。

9. 下列各项操作会使工作表整体向上垂直移动的有(　　)。

A. 向上拖动垂直滚动条

B. 单击、按住垂直滚动条上端的按钮

C. 向下拖动垂直滚动条

D. 单击、按住垂直滚动条下端的按钮

答案：CD

解析：选项 AB，向上拖动垂直滚动条或单击、按住垂直滚动条上端的按钮，会使工作表整体向下垂直移动。

10. 在 Excel 中，修改工作表名字的操作可以从(　　)工作表标签开始。

A. 用鼠标右键双击

B. 用鼠标右键单击

C. 用鼠标左键双击

D. 按住 Ctrl 键的同时用鼠标左键单击

答案：BC

解析：选项 D 是选定工作表，并且可以同时选定其他工作表或文件。

11. Excel 2003 中，启动 Excel 后建立的第一个空白工作簿的默认名和扩展名分别默认为(　　)。

A. “Book1”

B. “工作簿 1”

C. “. xls”

D. “. xlsx”

答案：AC

解析：Excel 2003 中，启动 Excel 后建立的第一个空白工作簿的默认名和扩展名分别默认为“Book1”和“. xls”；Excel 2013 中，则默认为“工作簿 1”和“. xlsx”。

12. 下列各项操作会使工作表整体向右水平移动的有(　　)。

A. 向左拖动水平滚动条

B. 单击、按住水平滚动条左边的按钮

C. 向右拖动水平滚动条

D. 单击、按住水平滚动条右边的按钮

答案：AB

解析：选项 CD，向右拖动水平滚动条或单击、按住水平滚动条右边的按钮，会使工作表整体向左水平移动。

13. Excel 软件的启动方法包括（　　）。

A. 通过“开始”菜单中的 Excel 快捷命令启动

B. 通过桌面或任务栏中的快捷方式启动

C. 通过“运行”对话框启动

D. 通过打开现成的 Excel 文件启动

答案：ABCD

解析：Excel 软件的启动方法包括：通过单击“开始”菜单中的 Excel 快捷命令启动；通过单击桌面或任务栏中的 Excel 快捷方式启动；通过“运行”对话框启动；通过打开现成的 Excel 文件启动。

14. 可以根据下列（　　）生成需要的图表。

A. 数据清单

B. 列表

C. 数据透视表

D. 记录单

答案：ABC

解析：框选需要生成图表的数据清单、列表或者数据透视表，选择插入菜单中的图表菜单，按照相关步骤操作可完成图表的插入。

15. 下列（　　）属于 Excel 2003 软件的用户界面的组成部分。

A. 标题栏

B. 菜单栏

C. 工具栏

D. 编辑区

答案：ABCD

解析：标题栏、菜单栏、工具栏、编辑区、工作表区、状态栏和任务窗格等是 Excel 2003 的组成要素。

16. Excel 提供了（　　）等 14 类 100 多种基本图表。

A. 柱形图

B. 条形图

C. 气泡图

D. 三维图

答案：ABCD

解析：Excel 提供了散点图、柱形图、饼图、条形图、面积图、折线图、气泡图、三维图等 14 类 100 多种基本图表。

17. (　　)必须选择相邻的矩形区域。

A. 数据管理

B. 图表制作

C. 表格管理

D. 插入艺术字

答案：ABCD

解析：略

18. 以下操作中，正确关闭处于打开状态的 Excel 文件的方法有(　　)。

A. 按快捷键 Shift+F4

B. 按快捷键 Shift+F4

C. 按快捷键 Alt+F4

D. 按快捷键 Ctrl+F4

答案：BCD

解析：快捷键 Shift+F4 为重复上次查找命令。

19. 以下属于 Excel 2013 默认的功能区选项卡标签的有(　　)。

A. 页面布局

B. 审阅

C. 开发工具

D. 视图

答案：ABCD

解析：Excel 2013 默认的功能区选项卡标签有“开始”“插入”“页面布局”“公式”“数据”“审阅”“视图”“开发工具”。

20. 常用的电子表格软件除了 Excel 外，还有(　　)。

A. WPS

B. Lotus

C. Numbers

D. Word

答案：ABC

解析：Word 是文字处理软件。

21. 电子表格软件的主要功能有(　　)。

A. 制作图表

B. 建立工作簿

C. 文字处理

D. 管理数据

答案：ABD

解析：电子表格软件的主要功能有：①建立工作簿；②管理数据；③实现数据网上共享；④制作图表；⑤开发应用系统。

三、判断题

1. 通过工具栏或者快速访问工具栏中的“关闭”按钮，可以退出 Excel 程序。(　　)

答案：错误

解析：通过工具栏或者快速访问工具栏中的“关闭”按钮关闭的是当前 Excel 文件，不能退出 Excel 程序。

2. 电子表格是指由特定软件制作而成的、用于模拟纸上计算的由横竖线条交叉组成的表格。（　）

答案：正确

解析：电子表格又称电子数据表，是指由特定软件制作而成的、用于模拟纸上计算的由横竖线条交叉组成的表格。

3. Excel 只能编制表格，但不能实现计算功能。（　　）

答案：错误

解析：Excel 具有管理数据的功能，可以对工作表中的数据进行检索、排序、筛选、分类、汇总等操作，还可以运用运算公式和内置函数对数据进行复杂的运算和分析。

4. 每次启动 Excel 2003 时，系统将自动建立第一个新工作簿，文件名为 Book1. xls。（　）

答案：正确

解析：启动 Excel 后建立的第一个空白工作簿的默认名和扩展名，在 Excel 2003 中分别默认为“Book1”和“. xls”，在 Excel 2007 中分别为“Book1”和“. xlsx”，在 Excel 2013 中分别为“工作簿 1”和“. xlsx”。

5. Excel 软件各种版本的默认用户界面都是相同的。（　）

答案：错误

解析：Excel 软件的默认用户界面因版本不同而有所区别。

6. 新建一个工作簿文件的快捷键是 Ctrl＋H。（　　）

答案：错误

解析：新建一个工作簿文件的快捷键是 Ctrl＋N；Ctrl＋H 是打开“查找与替换”对话框的快捷键。

7. 如果 Excel 软件退出前有编辑的内容未被保存，软件将自动将其保存。（　）

答案：错误

解析：如果 Excel 软件退出前有编辑的内容未被保存，将出现提示是否保存的对话框。

8. Excel 软件根据原文件自动创建备份文件的名称为原文件名后加上“备份”字样，图标与原文件相同。（　　）

答案：错误

解析：Excel 软件根据原文件自动创建备份文件的名称为原文件名后加上“备份”字样，图标与原文件不同。

9. 用户可以根据 Excel 自带的宏语言自行编写和开发满足自身管理需要的应用系统，有效运用和扩大 Excel 的功能。（　）

答案：正确

解析：本题考核电子表格软件开发应用系统的功能。

10. Excel 提供了散点图、柱形图、饼图、条形图、面积图、折线图、气泡图、三维图等 14 类 100 多种基本图表。（　　）

答案：正确

解析：略

11. 在 Excel 2003 中，状态栏的左端为自动计算显示框和键盘状态显示区。(　　)

答案：错误

解析：在 Excel 2003 中，状态栏的左端为消息区；状态栏的右端为自动计算显示框和键盘状态显示区。

12. 用户可以通过 Excel 创建超级链接，获取局域网或互联网上的共享数据，也可以将自己的工作簿设置成共享文件，保存在互联网的共享网站中。(　　)

答案：正确

解析：略

13. 在 Excel 文档中，使用“复制”和“粘贴”命令时，只能在同一个文档中选定对象进行移动和复制粘贴。(　　)

答案：错误

解析：使用“复制”和“粘贴”命令时，在适当的范围内可任意对选定对象进行移动和复制粘贴，并不局限在同一个文档中。

14. 单击可对文档实施保存、打开、新建、打印、选项设置等命令，是通过 Excel 2013 的功能区实现的。(　　)

答案：错误

解析：文件菜单是 Excel 2013 新增选项，单击可对文字实施保存、打开、新建、打印、选项设置等命令。

15. 按快捷键 Ctrl＋F4 可以关闭处于打开状态的 Excel 文件。(　　)

答案：正确

解析：按快捷键 Ctrl＋F4 可以关闭处于打开状态的 Excel 文件。

16. 微软的 Excel、金山的 WPS 电子表格都是 Windows 操作系统下常用的电子表格软件。(　　)

答案：正确

解析：微软的 Excel、金山的 WPS 电子表格都是 Windows 操作系统下常用的电子表格软件。

17. 在 Excel 中“删除”和“删除工作表”是等价的。(　　)

答案：错误

解析：不等价，删除一般是指删除单元格、行或列、区域，一定条件下可以恢复；删除工作表的话，整个页面都删除掉了，不能恢复。

18. 点击(单击或双击)现成的 Excel 文件就可以启动 Excel 软件。(　　)

答案：正确

解析：点击(单击或双击)现成的 Excel 文件就可以启动 Excel 软件。

19. 单击菜单栏最右边的按钮“×”可以退出 Excel 软件。(　　)

答案：错误

解析：退出 Excel 软件的方法：单击标题栏最右边的按钮“×”后，Excel 软件将被退出；单击“关闭窗口”或“关闭所有窗口”；使用快捷键 Alt＋F4。

20. 一个 Excel 工作簿中可以包含 1～255 个工作表。(　　)

答案：正确

解析：略

21. 在 Word 环境下，如果想使打印文件的大小改变，应该进行页面设置。(　　)

答案：正确

解析：略

22. 用户可以通过 Excel 建超级链接，获取互联网或局域网上的共享数据。(　　)

答案：正确

解析：用户可以通过 Excel 创建超级链接，获取局域网或互联网上的共享数据，也可以将自己的工作簿设置成共享文件，保存在互联网的共享网站中，让世界上任何位置的互联网用户共享工作簿文件。

第二节　数据的输入与编辑

一、单选题

1. 对于图表工作表，下列说法中正确的是(　　)。

A. 图表工作表是与工作表无关的表

B. 图表工作表是将工作表数据和相应图表分别存放在不同的工作簿

C. 图表工作表是将工作表数据和相应图表分别存放在不同的工作表

D. 当坐标数据变动时，与它相关的图表工作表不能自动更新

答案：C

解析：在确定图表位置的图表向导对话框中，只要选中“作为新工作表插入”单选按钮，即可在当前工作表的前面创建一个图表工作表。图表工作表的默认名称为 Chart1、Chart2 等。图表工作表与工作表数据源相链接，并随工作表数据的更改而更新。

2. 同时选定相邻的多个单元格时，应该按住(　　)键。

A. Enter

B. Shift

C. Alt

D. Ctrl

答案：B

解析：可同时选定不相邻的多个单元格的是 Ctrl 键。可同时选定相邻的多个单元格的是 Shift 键。

3. 当单元格内容是数字时，要使单元格内容居中显示，下列说法错误的是(　　)。

A. 单击“开始”标题栏下“对齐方式”中的“居中”图标

B. 在单元格上右击，选择“设置单元格格式”，在“对齐”选项卡中选择“居中”

C. 在单元格上右击，直接选择“居中”图标

D. 在单元格上左击，直接选择“居中”图标

答案：C

解析：要使单元格内容居中显示：①单击“开始”标题栏下“对齐方式”中的“居中”图

标；②在单元格上右击，选择“设置单元格格式”，在“对齐”选项卡中选择“居中”；③在单元格上左击，直接选择“居中”图标。

4. 下列对某一单元格的操作中，可以使单元格变为“输入”状态的是(　　)。

A. 左击单元格

B. 将光标移到单元格

C. 左键双击单元格

D. 右击单元格

答案：C

解析：当双击单元格输入内容时，状态栏显示“输入”字样。

5. 在 Excel 中，删除工作表中与图表链接的数据时图表将(　　)。

A. 被删除

B. 必须用编辑器删除相应的数据点

C. 不会发生变化

D. 自动删除相应的数据点

答案：D

解析：删除工作表中与图表连接的数据时，图表将自动删除相应的数据点。

6. 工作表中执行“插入”→“列”命令时，将在活动单元格的(　　)插入整列单元格。

A. 下边

B. 上边

C. 左边

D. 右边

答案：C

解析：执行“插入”→“列”命令，将在活动单元格的左边插入整列单元格。

7. 编辑栏中的“＝”图标是(　　)，用来在活动单元格中创建公式。

A. “输入”按钮

B. “取消”按钮

C. 鼠标指针

D. “编辑公式”按钮

答案：D

解析：编辑栏中的“＝”是“编辑公式”按钮，用来在活动单元格中创建公式。

8. 下列关于数据的复制与剪切的说法中，错误的是(　　)。

A. 数据的剪切与复制不同

B. 复制和剪切的快捷键都是 Ctrl＋C

C. 数据复制后，原单元格中的数据仍然存在，目标单元格中同时还增加原单元格中的数据

D. 数据剪切后，原单元格中数据不复存在，只在目标单元格中增加原单元格中的数据

答案：B

解析：复制的快捷键是 Ctrl＋C；剪切的快捷键是 Ctrl＋X。

9. 在 Excel 2003 中,在数据图表中要增加标题,在激活图表的基础上可以(　　)。

A. 执行"插入"→"标题"菜单命令,在出现的对话框中选择"图表标题"命令

B. 执行"格式"→"自动套用格式化图表"命令

C. 右击,在快捷菜单中执行"图表标题"菜单命令,选择"标题"选项卡

D. 用鼠标定位,直接输入

答案:C

解析:本题考核数据图表的编辑。

10. 在 Excel 中,如果要在同一行或同一列内连续输入,在第一单元格中输入公式,然后用鼠标拖动单元格(　　)。

A. 列标

B. 行标

C. 填充柄

D. 框

答案:C

解析:略

11. 要改变单元格的数值格式,可使用"单元格格式"对话框中的标签选项是(　　)。

A. 对齐

B. 图案

C. 数字

D. 字体

答案:C

解析:略

12. 在 Excel 中,如果给某单元格设置的小数位为 2,则输入 12345 时显示的是(　　)。

A. 1234500

B. 123.45

C. 12345

D. 12345.00

答案:D

解析:略

13. 在单元格中输入数字时,有时单元格显示为"＃＃＃＃＃＃＃＃＃＃＃＃",产生的原因是(　　)。

A. 数据位数过长,无法完整显示

B. Excel 出错

C. 数据输入时出错

D. 单元格公式错误

答案:A

解析:略

14. 编辑栏内的"＝"图标是(　　),用来在活动单元格中创建公式。

A. "输入"按钮

B. “取消”按钮

C. 鼠标指针

D. “编辑公式”按钮

答案：D

解析：编辑栏中的“＝”是“编辑公式”按钮，用来在活动单元格中创建公式。

15. 单元格是工作表的最小组成单位，每一单元格最多可容纳字符的个数是（　　）。

A. 65536

B. 256

C. 3200

D. 32767

答案：D

解析：单元格是工作表的最小组成单位，每一单元格最多可容纳字符的个数是32767。

16. 在Word的编辑状态中，设置了一个由多个行和列组成的空表格，将插入点定在某个单元格内，选择“表格”菜单命令中的“选择列”命令，则表格中被选择的部分是（　　）。

A. 插入点所在的行

B. 插入点所在的列

C. 一个单元格

D. 整个表格

答案：B

解析：在Word的编辑状态中，设置了一个由多个行和列组成的空表格，将插入点定在某个单元格内，若选择“表格”菜单命令中的“选择列”命令，则表格中被选择的部分是插入点所在的列；若选择“表格”菜单命令中的“选择行”命令，则表格中被选择的部分是插入点所在的行；若选择“表格”菜单命令中的“选择表格”命令，则表格中被选择的部分是插入点所在的整个表格；若选择“表格”菜单命令中的“选择单元格”命令，则表格中被选择的部分是插入点所在的单元格。

17. 在Excel中，下面有关列宽描述错误的说法是（　　）。

A. 系统默认列的宽度是一致的

B. 不调整列宽的情况下，系统默认设置列宽自动以输入的最多字符的长度为准

C. 宽不随单元格中的字符增多而自动加宽

D. 一次可以调整多列的列宽

答案：B

解析：在Excel中，系统默认列的宽度是一致的，是一个固定值，根据需要可调整为合适的宽度。

18. 在Excel中，创建图表之前选择数据时必须注意的事项是（　　）。

A. 选择的数据区域必须是连续的矩形区域

B. 选择的数据区域可以是任意形状

C. 可以随意选择数据

D. 选择的数据区域必须是矩形区域

答案：D

解析：略

19. 右击一个单元格出现的快捷菜单，下面不属于其中命令的是（　　）。

A. 复制

B. 删除工作表

C. 插入

D. 删除

答案：B

解析：略

二、多选题

1. 编辑区可以用来显示（　　）。

A. 当前单元格的名字

B. 当前单元格的内容

C. 本次输入的数据

D. 本次输入的公式

答案：ABCD

解析：编辑区用来显示当前单元格的名字和当前单元格的内容、取消或确认本次输入的数据或公式。

2. 下列关于保护工作簿的说法中，正确的包括（　　）。

A. 工作簿被保护后所有的操作都不可进行

B. 工作簿被保护后部分的操作不能进行

C. 按设置保护工作簿的路径选择"保护工作簿"，输入正确的密码后可撤销保护

D. 经过保护的工作簿不能撤销

答案：AC

解析：工作簿被保护后所有的操作都不可进行。如果要撤销保护工作簿，按设置保护工作簿的路径选择"保护工作簿"，输入正确的密码后可撤销保护。

3. 在 Excel 2003 中进行图表的格式修饰，下面的方法正确的有（　　）。

A. 在格式菜单中选择相应的图表元素命令，在弹出的格式对话框中进行格式设置

B. 双击图表中的图表元素，在显示出来的格式对话框中进行格式设置

C. 在打开的图表工具栏中选取相应的图表元素，单击图表工具栏中的格式化工具按钮，进行格式设置

D. 将鼠标指针指向要格式化的图表元素，右击，在弹出的快捷菜单中选取格式化命令，在弹出的格式对话框中进行格式设置

答案：ABCD

解析：本题考核图表元素的格式设置，使用图表工具栏中的格式按钮取决于当前选中的图表元素，图表元素不同，单击格式按钮后所弹出的格式对话框的操作对象不同。

4. 在 Excel 2003 中，下面对图表对象编辑说法正确的有（　　）。

A. 图例可以清除

B. 嵌入式图表与图表工作表不能互相转换

C. 用鼠标拖曳图表四周的控制点可以实现图表的缩放

D. 对图表区对象的字体改变，将同时改变图表区内所有对象的字体

答案：ACD

解析：嵌入式图表和图表工作表可以进行转换。

5. 关于构建数据清单的要求，下列表述中正确的有(　　)。

A. 列标志应位于数据清单的第一行

B. 尽量在一张工作表上建立一个数据清单

C. 可以在数据清单中间放置空白的行或列

D. 同一列中各行数据项的类型和格式应当完全相同

答案：ABD

解析：为了使 Excel 自动将数据清单当作数据库，构建数据清单的要求主要有：列标志应位于数据清单的第一行，用以查找和组织数据、创建报告；同一列中各行数据项的类型和格式应当完全相同；避免在数据清单中间放置空白的行或列，但需将数据清单和其他数据隔开时，应在它们之间留出至少一个空白的行或列；尽量在一张工作表上建立一个数据清单。

6. 某单元格的内容需要复制到其他单元格时，通常可单击该单元格右下角的填充柄，鼠标箭头随之变为黑十字形，按住鼠标左键向(　　)方向拖动，然后松开鼠标左键，该单元格的内容即被填充到相关单元格。

A. 上

B. 下

C. 左

D. 右

答案：ABCD

解析：本题考核相同数据的填充。

7. 当单元格右下角出现黑色十字形的填充柄时，可进行的操作有(　　)。

A. 可填充相同的数据

B. 可填充具有一定规律的序列

C. 只可以向上、下方向进行填充

D. 可以向上、下、左、右四个方向填充

答案：ABD

解析：利用填充柄可以完成相同数据的填充、序列(按照某种规律排列的一列数据)的填充，拖动填充柄完成自动填充后，可以指定填充序列类型。

8. 编辑区是由(　　)构成的。

A. 名称框

B. 取消输入按钮

C. 确认输入按钮

D. 编辑栏

答案：ABCD

解析：编辑区由名称框、取消输入按钮、确认输入按钮、插入函数按钮和编辑栏构成。

9. 以下(　　)可以显示在 Excel 窗口的编辑栏名称框中。

A. 活动单元格中的数据

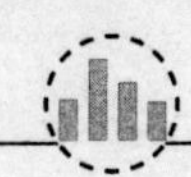

B. 活动单元格中的公式

C. 活动单元格区域的地址

D. 活动单元格的名称

答案：CD

解析：活动单元格区域的地址或名称是可以显示在 Excel 窗口的编辑栏名称框中的。

10. 在 Excel 中，下列创建图表之前说法正确的是（　　）。

A. 可以随意选择数据

B. 选择连续的矩形区域

C. 选择不连续的矩形区域

D. 必须选择相邻的矩形区域

答案：ABC

解析：略

11. Delete 和编辑菜单中的清除命令的区别有（　　）。

A. Delete 删除单元格的内容、格式和批注

B. Delete 仅能删除单元格的内容

C. 清除命令可删除单元格的内容、格式和批注

D. 清除命令仅能删除单元格的内容

答案：BC

解析：略

12. 用“选择性粘贴”命令可以有选择地粘贴剪贴板中的内容有（　　）。

A. 数值

B. 公式

C. 格式

D. 批注

答案：ABCD

解析：在 Excel 中，可以使用“粘贴”命令粘贴复制的内容，还可以使用“选择性粘贴”命令有选择地粘贴剪贴板中的数值、格式、公式、批注等内容。

13. 在 Excel 中，常用的复制数据的方法有（　　）。

A. 选择要复制的数据，单击工具栏中的“复制”按钮

B. 选择“编辑”下拉菜单中的“复制”命令

C. 选择要复制的数据，按快捷键 Ctrl＋C

D. 右击选中的单元格，选择快捷菜单中的“复制”命令

答案：ABCD

解析：略

14. Excel 中，数据的保护方法有（　　）。

A. 保护工作表

B. 锁定单元格

C. 保护工作簿

D. 移动工作表

答案：ABC

解析：移动工作表不能起到数据的保护作用。

15. 在 Excel 中，以下关于数据的手工录入说法正确的有(　　)。

A. 可以在单张工作表的多个单元格中快速录入部分相同的数据

B. 可以在工作组的一个单元格或多个单元格中快速录入相同的数据

C. 可以在单个单元格中录入数据

D. 可以在单张工作表的多个单元格中快速录入完全相同的数据

答案：ABCD

解析：略

16. Excel 中调整行高的方式包括(　　)。

A. 选择“格式”菜单下的“行”中的“行高”选项进行调整

B. 选择“编辑”菜单下的“行”中的“行高”选项进行调整

C. 将鼠标指针移动到工作表两个行序号按钮之间，按住并拖动鼠标进行调整

D. 选择鼠标右键菜单下“行”中的“行高”选项进行调整

答案：AC

解析：AC 选项可实现行高的调整，BD 选项不能实现。

三、判断题

1. 编辑状态下，按 BackSpace 键可以逐一删除当前单元格里位于光标前面的字符。(　　)

答案：正确

解析：略

2. 全选按钮是位于名称框下方由列号和行号交叉形成的灰色小方块，其功能类似于快捷键 Ctrl＋A。(　　)

答案：正确

解析：单击全选按钮，无论光标当前位于何处，即可选中当前工作表的全部单元格，类似于快捷键 Ctrl＋A。

3. 每个工作簿含有工作表的张数不受计算机内存的限制。(　　)

答案：错误

解析：每个工作簿含有工作表的张数受计算机内存大小的限制。

4. 对于设置了修改权限密码的 Excel 文件，只有输入正确的密码才能修改，否则不能打开，也不能修改。(　　)

答案：错误

解析：对于设置了修改权限密码的 Excel 文件，只有输入正确的密码才能修改，否则只能以只读方式打开。

5. Excel 中的密码保护中，密码不区分大小写。(　　)

答案：错误

解析：密码可以包含字母、数字、空格以及符号的任意组合，字母区分大小写。

6. 锁定单元格可以使单元格的内容不能被修改，使用“锁定单元格”功能必须启用保护工作表的功能。(　　)

答案：正确

解析：进行锁定单元格工作，必须启用保护工作表的功能，单元格锁定后单元格的内容不能被修改。

7. 活动单元格不一定是当前单元格。（　）

答案：正确

解析：在多个连续的单元格组成的单元格区域中，所有单元格均为活动单元格，该区域左上方第一个白色显示的单元格为当前活动单元格。

8. 如果在工作表中插入一行，则工作表中的总行数将会增加一个。（　）

答案：错误

解析：工作表中的总行数和总列数是固定不变的。

9. Excel 可以为重要的工作簿设置保护，限制进行相应的操作。（　）

答案：正确

解析：略

10. 在 Excel 中，用鼠标单击某单元格，则该单元格变为活动单元格。（　）

答案：正确

解析：使单元格变为活动单元格的操作是用鼠标单击该单元格。

11. 数据的剪切与复制相同，数据剪切或复制后，原单元格中的数据仍然存在，目标单元格中同时增加原单元格中的数据。（　）

答案：错误

解析：数据的剪切与复制不同，数据复制后，原单元格中的数据仍然存在，目标单元格中同时增加原单元格中的数据；数据剪切后，原单元格中的数据不复存在，只在目标单元格中增加原单元格中的数据。

12. 在 Excel 2013 中，可以对工作表进行编辑权限设定，限制他人对工作表的编辑权限，如插入行、插入列等。（　）

答案：正确

解析：略

13. 在 Excel 中，在单元格中输入的数据不能自动换行，必须人工按 Enter 键。（　）

答案：错误

解析：可通过单元格格式中的"对齐"进行自动换行的设置。

14. 菜单栏中的菜单项不能进行删除或移动。（　）

答案：错误

解析：按住 Alt 键，选中需要删除的菜单项，将该菜单项脱离菜单栏，并在指针显示为一个带有"×"的工具图标时释放鼠标和 Alt 键，则在菜单栏中删除这一菜单项；如果将该菜单项拖动到菜单栏或工具栏中的适当位置后，再释放鼠标和 Alt 键，则完成该菜单项的移动任务。

15. 填充柄可以将某单元格的内容快速复制到与其相邻的上、下、左、右任一方向的单元格中。（　）

答案：正确

解析：填充柄可以将某单元格的内容快速复制到与其相邻的上下左右任一方向的单元

格中。

16. 在 Excel 中,数据的查找和替换在“编辑”菜单下进行。( )

答案:正确

解析:在 Excel 中,数据的查找和替换在“编辑”菜单下进行。

17. 在 Excel 中,在单元格中输入文本型数据,可以先输入西文“’”作为前导符。( )

答案:正确

解析:在 Excel 中,在单元格中输入文本型数据,可以先输入西文“’”作为前导符。

18. Alt 和 Ctrl 键不能单独使用,只有配合其他键使用才有意义。( )

答案:正确

解析:本题考核键盘键的知识。

第三节 公式与函数的应用

一、单选题

1. 在 Excel 中各运算符的优先级由高到低顺序为( )。

A. 算术运算符、比较运算符、文本运算符、引用运算符

B. 文本运算符、算术运算符、比较运算符、引用运算符

C. 引用运算符、算术运算符、文本运算符、比较运算符

D. 比较运算符、算术运算符、引用运算符、文本运算符

答案:C

解析:公式中运算符的顺序从高到低依次为:冒号、逗号、空格、负号(如－1)、%(百分比)、^(乘幂)、* 和/(乘和除)、＋和－(加和减)、&(连接符)、比较运算符。

2. 对于学生“业绩”项(D2),在“奖金 E2”单元格中显示:大于等于 5000 元,奖金为“业绩的 10%”;3000～5000 元之间,奖金为“业绩的 5%”;其余情况资金为零,公式正确的是( )。

A. IF(D2>=5000,D2*10%,if(D2>=3000,D2*5%,0))

B. IF(E2>=5000,E2*10%,if(E2>=3000,E2*5%,0))

C. IF(D2>=5000,D2*10%,D2>=3000,D2*5%,0)

D. IF(E2>=5000,E2*10%,E2>=3000,E2*5%,E2<30000,0)

答案:A

解析:本题考核逻辑函数 IF,IF 函数的格式为 IF(logical_test,value_if_true,value_if_false)用于判断“logical_test”的内容是否为真,如果为真则返回“value_if_true”;如果为假则返回“value_if_false”的内容。

3. 在同一工作簿中,Sheet1 工作表中的 D3 单元格要引用 Sheet3 工作表中 F6 单元格中的数据,其引用表述为( )。

A. ＝F6

B. ＝Sheet3!F6

C. ＝

D. =Sheet1!F6

答案：B

解析：跨工作表单元格引用的格式：工作表名!数据源所在单元格地址。选项 D 的意思是引用 Sheet1 工作表中 F6 单元格的数据。

4. Excel 操作中，成绩放在单元格 A1，要将成绩分为优良(≥85)、及格(≥60)、不及格三个级别的公式为(　　)。

A. =IF(A1>=85,"优良",IF(A1>=60,"及格",IF(A1<60,"不及格")))

B. =IF(A1>=85,"优良",85>A1>=60,"及格",A1<60,"不及格")

C. =IF(A1>=85,"优良"),IF(A1>=60,"及格"),IF(A1<60,"不及格")

D. =IF(A1>=85,"优良",IF(A1>=60,"及格","不及格"))

答案：D

解析：IF 函数的格式是 IF(条件表达式,表达式为真时执行,表达式为假时执行)。

5. 下列操作中，不能在 Excel 工作表的选定单元格中输入公式的是(　　)。

A. 单击“编辑”菜单中的“对象”命令

B. 单击“插入”菜单中的“函数”命令

C. 单击工具栏中的“函数”按钮

D. 单击编辑栏中的“函数”按钮

答案：A

解析：本题考核函数的输入方法。

6. A1=100,B1=50,A2=30,B2=20,则公式=IF(A1<=60,A2,B2)的结果为(　　)。

A. 100

B. 50

C. 30

D. 20

答案：D

解析：如果 A1<=60,就返回 A2 单元格的数值,如果 A1>60,就返回 B2 的值。

7. 在 Excel 工作表的单元格里输入公式，运算符有优先顺序，下列(　　)说法是错误的。

A. 乘和除优先于加和减

B. 乘方优先于负号

C. 百分比优先于乘方

D. 字符串连接优先于关系运算

答案：B

解析：负号优先于乘方，-2^2=4。

8. A1 单元格的内容是 123456789，函数 MID(A1,4,3)返回的结果是(　　)。

A. 7.0

B. 6.0

C. 456.0

D. 567.0

答案：C

解析：MID(text,start_num,num_chars)用于返回文本字符串中从指定位置开始的指定数目的字符。

9. (　　)表示的是区域运算符。

A. 冒号

B. 空格

C. 逗号

D. &

答案：A

解析：选项 B 表示的是交叉运算符；选项 C 表示的是联合运算符；选项 D 表示"与"号，连接两个文本字符串。

10. MAX 函数的功能是(　　)。

A. 求指定区域最大值

B. 求指定区域最小值

C. 求指定区域之和

D. 求指定区域平均数

答案：A

解析：MAX 用于返回数值参数中的最大值。

11. 设 A1 单元格中的公式为=AVERAGE(C1:E5)，将 C 列删除后，A1 单元格中的公式将调整为(　　)。

A. =AVERAGE(C1:E5)

B. =AVERAGE(C1:D5)

C. =AVERAGE(D1:E5)

D. 出错

答案：B

解析：设 A1 单元格中的公式为=AVERAGE(C1:E5)，将 C 列删除后，A1 单元格中的公式将调整为=AVERAGE(C1:D5)。

12. 对 Excel 的单元格可以使用公式与函数进行数据输入。若 A2 单元格内容为"李林"，B2 单元格内容为 97，要是 C2 单元格的内容得到"李林成绩为 97"，则公式为(　　)。

A. =A2+成绩为+B2

B. =A2+"成绩为"+B2

C. =A2& 成绩为 &B2

D. =A2&"成绩为"&B2

答案：D

解析：& 是连接符，将上述单元格的内容进行连接。

13. 在 Excel 工作表单元格中，下列输入的表达式(　　)是错误的。

A. =(15-B1)/3

B. =A3+A4

C. ＝A2/C1

D. SUM(A3:A4)/2

答案：D

解析：略

14. 在公式运算中，如果要引用第4行的绝对地址，第C列的相对地址，则应为(　　)。

A. 4C

B. C$4

C. C4

D. $C4

答案：B

解析：本题考核混合引用，混合引用是指所引用单元格地址的行标与列标中有一个是相对引用，另一个是绝对引用。在绝对引用中，所引用的单元格地址的列坐标与行坐标前面分别加入标示符号，所以要引用第4行的绝对地址，要在4前面加。

15. 用于返回文本字符串中从指定位置开始的指定数目的字符的函数是(　　)。

A. RIGHT

B. MID

C. LEN

D. LEFT

答案：B

解析：MID用于返回文本字符串中从指定位置开始的指定数目的字符。

16. 若统计A2～K2行中，含有"√"个数的函数正确的是(　　)。

A. count(A2:K2,"√")

B. count(A2,K2)

C. countif(A2:K2,"√")

D. countif("√",A2:K2)

答案：C

解析：countif(range,criteria)用于对区域中满足单个指定条件的单元格进行计数。其中range参数是为需要计算其中满足条件的单元格数目的单元格区域，criteria参数为确定哪些单元格将被计算在内的条件，其形式可以为数字、表达式或文本。

17. 在Excel单元格中输入公式时，输入的第一个符号是(　　)。

A. $

B. ＋

C. ＝

D. －

答案：C

解析：在Excel单元格中输入公式时，必须以等号开头。

18. 在Excel的活动单元格中，要将数字作为文字来输入，最简便的方法是先输入一个英文状态符号(　　)后，再输入数字。

A. ＃

B. ’

C. ”

D. 空格

答案：B

解析：如果输入的文本全部由数字组成，为了避免被 Excel 误认为是数值型数据，应在输入时先输入英文状态的单引号，再输入数字，以区别数值型数据和数值组成的文本型数据。

19. 对单元格中的公式进行复制时，(　　)地址会发生变化。

A. 相对地址中的偏移量

B. 相对地址所引用的单元格

C. 绝对地址中的地址表达式

D. 绝对地址所引用的单元格

答案：B

解析：相对引用是指当把一个含有单元格引用的公式复制或填充到一个新的位置时，公式中的单元格引用会随着目标单元格位置的改变而相对改变。

20. 关于高级筛选，下列说法中错误的是(　　)。

A. 筛选条件和表格之间必须有一行或者一列的间隙

B. 可以在原有区域显示筛选结果

C. 可以将筛选结果复制到其他位置

D. 不需要写筛选条件

答案：D

解析：高级筛选与自动筛选不同，它要求在数据清单以外的区域单独设置所需的筛选条件，且该条件区域与数据清单之间至少要空出一行或一列。

21. 在 Excel 中，若要统计一组数的个数，可选用的函数是(　　)。

A. COUNT

B. MAX

C. SUM

D. AVERAGE

答案：A

解析：略

22. 下列各项中，不属于公式设置内容的是(　　)。

A. 审核公式

B. 舍位平衡公式

C. 计算公式

D. 定义组合单元

答案：D

解析：略

23. 在 A1 单元格中输入＝SUM(8,7,8,7)，则其值为(　　)。

A. 15

B. 30

C. 7

D. 8

答案：B

解析：略

24. 以下不属于 Excel 2013 默认的功能区选项卡标签的是(　　)。

A. 格式

B. 页面布局

C. 开发工具

D. 插入

答案：A

解析：Excel 2013 默认的选项卡标签有“开始”“插入”“页面布局”“公式”“数据”“审阅”“视图”“开发工具”,排列在标题栏的下方。

25. 在 Excel 工作表中,正确的 Excel 公式形式为(　　)。

A. =B3 * Sheet3%A2

B. =B3 * Sheet3!A2

C. =B3 * Sheet3 $ A2

D. =B3 * Sheet3:A2

答案：B

解析：跨工作表单元格引用是指引用同一工作簿里其他工作表中的单元格,又称为三维引用,需要按照以下格式进行跨表引用：工作表名!数据源所在单元格地址。

26. 在 Excel 中,函数 MIN(6,10,20)的值为(　　)。

A. 6

B. 10

C. 0

D. 20

答案：A

解析：公式意思就是在 6,10,20 中取最小数,即 6。

27. 在 Excel 中,跨工作表引用又称为(　　)。

A. 外部引用

B. 三维引用

C. 混合引用

D. 内部引用

答案：B

解析：在 Excel 中,跨工作表引用又称为三维引用。

28. 当在 Excel 单元格中输入公式后,在编辑栏中显示的是(　　)。

A. 不显示

B. 单元格地址

C. 公式

D. 运算结果

答案：C

解析：当在 Excel 单元格中输入公式后，在编辑栏中显示的是公式。

29. 在 Excel 中，公式的运算结果默认显示的位置是(　　)。

A. 状态栏

B. 编辑栏

C. 编辑栏和单元格同时显示

D. 单元格

答案：D

解析：在 Excel 中，公式的运算结果默认显示的位置是单元格。

30. 在 Excel 操作中，假设在 B5 单元格中存有一公式为 SUM(B2:B4)，将其复制到 D5 后，公式将变成(　　)。

A. SUM(B2:B4)

B. SUM(D2:B4)

C. SUM(B2:D4)

D. SUM(D2:D4)

答案：D

解析：在 Excel 操作中，假设在 B5 单元格中存有一公式为 SUM(B2:B4)，将其复制到 D5 后，公式将变成 SUM(D2:D4)。

31. 在 Excel 表中，设 F1 单元中的公式为＝A3＋B4，当 B 列被删除时，F1 单元的公式将调整为(　　)。

A. ＝A3＋C4

B. ＝A3＋B4

C. ＃REF!

D. A3＋A4

答案：C

解析：设 F1 单元中的公式为＝A3＋B4，当 B 列被删除时，F1 单元的公式将调整为＃REF!。

32. 在 Excel 中，能快速弹出“查找”标签的功能键是(　　)。

A. Ctrl＋V

B. Ctrl＋C

C. Ctrl＋H

D. Ctrl＋F

答案：D

解析：略

33. 在新创建的 Excel 文档的某个单元格中输入公式“＝ABCD＞abcd”，其结果为(　　)。

A. ＃NAME?

B. ＃VALUE

C. TRUE

D. FALSE

答案：A

解析：在 Excel 中，公式"＝ABCD>abcd"有语法错误，故显示＃NAME?。正确的表示为＝"ABCD">"abcd"，结果是 FALSE。

34. 在 Excel 工作表单元格中，输入下列的表达式（　　）是错误的。

A. ＝(15－B1)/3

B. ＝A3＋A4

C. ＝A2/C1

D. SUM(A3:A4)/2

答案：D

解析：略

二、多选题

1. 要在当期工作表 Sheet1 的 A2 单元格中计算工作表 Sheet2 中 B1 到 B5 单元格的和，则在当前工作表的 A2 单元格中输入公式，下列不正确的有（　　）。

A. ＝SUM(Sheet2!B1:B5)

B. ＝SUM([Sheet2]!B1:B5)

C. SUM(B1:B5)

D. ＝SUM(Sheet2!B1:Sheet2!B5)

答案：BCD

解析：跨工作表单元格引用是指引用同一工作簿里其他工作表中的单元格，需要按照以下格式进行跨表引用：工作表名!数据源所在单元格地址。

2. Excel 的数据类型包括（　　）。

A. 数值型数据

B. 字符型数据

C. 逻辑型数据

D. 日期型数据

答案：ABCD

解析：Excel 的常见数据类型包括数字型、日期型、文本型、逻辑型数据、时间型数据等。

3. 不属于文本函数的有（　　）。

A. MAX

B. RIGHT

C. MID

D. MIN

答案：AD

解析：文本函数包括 LEN、RIGHT、MID、LEFT，选项 AD 属于统计函数。

4. 在 Excel 中，下列等式能够得到正确结果的有（　　）。

A. ＝4＋7

B. ＝B3＊800－SUM(D2:D8)

C. ＝SUM(B6＋C9)

D. ＝"C5＋C6"＋"E8－E10"

答案：ABC

解析：选项 D 中单元格不需要用双引号。

5. 在 Excel 中，可利用(　　)方法进行求和运算。

A. 利用函数进行求和

B. 利用和运算进行求和

C. 利用常用工具栏中的“自动求和”按钮进行求和操作

D. 利用编辑菜单中的“求和”公式进行求和操作

答案：ABC

解析：编辑菜单中无“求和”公式操作。

6. 下列对 Excel 的引用类型说法正确的有(　　)。

A. 引用类型包括相对引用、绝对引用和直接引用

B. 单元格绝对引用的表示符号是 $

C. Excel 默认使用的单元格引用是相对引用

D. 输入完单元格地址后，重复按 F4 键可选择合适的引用类型

答案：BCD

解析：Excel 中引用的类型包括相对引用、绝对引用和混合引用。Excel 默认使用的单元格引用是相对引用。

7. 下列属于 Excel 算术运算符的有(　　)。

A. ＋

B. ^

C. <

D. ＝

答案：AB

解析：算术运算符用于完成基本的数学运算、连接数字和产生数字结果等，如＋(加)、－(减)、*(乘)、/(除)、%(百分数)、^(乘方)等。选项 CD 属于比较运算符。

8. 计算固定资产折旧的函数有(　　)。

A. SLN

B. DDB

C. LEN

D. SYD

答案：ABD

解析：选项 C 是计算字符长度的函数。

9. 关于分类汇总叙述正确的是(　　)。

A. 分类汇总前首先应按分类字段的值进行排序

B. 分类汇总只能按一个字段分类

C. 只能对数值型字段分类

D. 汇总方式只能求和

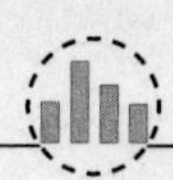

答案：AB

解析：分类汇总前必须先对数据清单按要分类的字段进行排序，分类的字段一般是文本字段，一次只能针对同一个分类字段进行汇总，汇总方式包括求和、平均值、计数等。

10. 表示返回 A1:G5 区域中第 3 行第 4 列的值的公式中，错误的有(　　)。

A. INDEX(A1:G5,3,4)

B. INDEX(G5:A1,3,4)

C. INDEX(G5:A1,4,3)

D. INDEX(A1:G5,4,3)

答案：BCD

解析：INDEX(A1:G5,3,4)表示返回 A1:G5 区域中第 3 行第 4 列的值。

11. 属于 Excel 中引用类型的是(　　)。

A. 相对引用

B. 绝对引用

C. 混合引用

D. 直接引用

答案：ABC

解析：引用的类型包括相对引用、绝对引用和混合引用。

12. 在 Excel 单元格中直接输入 1/4，则单元格不显示的是(　　)。

A. 0.25

B. 42008

C. 1 月 4 日

D. 1/4

答案：ABD

解析：在 Excel 单元格中直接输入 1/4，单元格默认的是日期型数据，显示的是 1 月 4 日。

13. 在 Excel 中，公式 SUM(B1:B4)等价于(　　)。

A. SUM(A1:B4,B1:C4)

B. SUM(B1+B4)

C. SUM(B1+B2,B3+B4)

D. SUM(B1,B2,B3,B4)

答案：CD

解析：公式 SUM(B1:B4)计算的是 B1、B2、B3、B4 单元格的和。

14. 下列函数中属于统计函数的是(　　)。

A. MAX

B. SUM

C. COUNT

D. MATCH

答案：ABC

解析：选项 D 是查找与引用函数，用于在单元格区域中搜索指定项，然后返回该项在单元格区域中的相对位置。

15. 在 Excel 中,以下对单元格引用正确的是(　　)。

A. B2

B. B$2

C. $B2

D. B2

答案:ABCD

解析:常用的单元格引用分为相对引用、绝对引用和混合引用三种。

16. Excel 中有多个常用函数:其中函数 average(区域)不能实现的功能有(　　)。

A. 求区域内数据的个数

B. 求区域内所有数字的平均值

C. 求区域内数字的和

D. 求返回函数的最大值

答案:ABCD

解析:略

17. 在 Excel 中,函数 COUNTIF 的必选参数有(　　)。

A. 区域参数 range

B. 确定哪些单元格将被计算在内的条件参数 criteria

C. 期间参数 period

D. 折旧期数 life

答案:AB

解析:略

18. 在 Excel 中,函数 DDB 的必选参数有(　　)。

A. 固定资产原值 cost

B. 固定资产的残值 salvage

C. 固定资产的折旧期数 life

D. 需要计算折旧值的期间 period

答案:ABCD

解析:略

19. 能够输入到 Excel 单元格中的合法表达式有(　　)。

A. 20,12

B. =20,12

C. =20,12

D. =Sheet2!A1+12

答案:ABD

解析:C 选项表达有误。

20. 在 Excel 中,函数 INDEX 的必选参数有(　　)。

A. 数组 array 中某列的列标 column_num

B. 在第一个向量中搜索的值 lookup_value

C. 单元格区域或数组常量 array

D. 数组 array 中某行的行号 row_num

答案：ACD

解析：B 选项不属于函数 INDEX 的必选参数。

21. 以下函数中为日期函数的有(　　)。

A. NOW

B. DAY

C. MONTH

D. YEAR

答案：ABCD

解析：日期与时间函数包括：NOW、DAY、MONTH、YEAR。

22. 在 Excel 中，函数 RIGHT 的必选参数有(　　)。

A. 指定要由 RIGHT 提取的字符的数量 num_chars

B. 区域参数 range

C. 包含要提取字符的文本字符串 Text

D. 确定哪些单元格将被计算在内的条件参数 criteria

答案：AC

解析：RIGHT(text，num_chars)用于从文本字符串中最后一个字符开始返回指定个数的字符。text 是包含要提取字符的文本字符串；num_chars 指定要由 RIGHT 提取的字符的数量，必须大于零，缺省则默认为 1。

23. 以下函数中为财务函数的有(　　)。

A. DDB

B. SLN

C. SUM

D. SYD

答案：ABD

解析：SUM 函数是求和函数。

24. 有关绝对引用和相对引用，以下说法正确的有(　　)。

A. 当复制公式时，单元格绝对引用将改变

B. 当复制公式时，单元格相对引用不改变

C. 当复制公式时，单元格相对引用将会改变

D. 当复制公式时，单元格绝对引用不改变

答案：CD

解析：相对引用，公式记忆的是源数据所在单元格与引用源数据的单元格的相对位置；绝对引用，公式记忆的是源数据所在单元格在工作表中的绝对位置。

25. 以下函数可以截取字符串的有(　　)。

A. RIGHT

B. LEFT

C. LEN

D. MID

答案：ABD

解析：LEN 函数用于返回文本字符中的字符个数。

26. 在 Excel 中，函数 LEFT 的必选参数（　　）。

A. 是文本中要提取的第一个字符的位置 start_num

B. 确定哪些单元格将被计算在内的条件参数 criteria

C. 包含要提取字符的文本字符串 text

D. 包含要提取字符的文本字符串 text

答案：CD

解析：略

27. 在 Excel 中，公式 SUM(B1:B4)等价于（　　）。

A. SUM(A1:B4,B1:C4)

B. SUM(B1+B4)

C. SUM(B1+B2,B3+B4)

D. SUM(B1,B2,B3,B4)

答案：CD

解析：公式 SUM(B1:B4)计算的是 B1、B2、B3、B4 单元格的和。

28. 有关排序的说法不正确的是（　　）。

A. 只有数字类型可以作为排序的依据

B. 只有日期类型可以作为排序的依据

C. 笔画和拼音不能作为排序的依据

D. 排序规则有升序和降序

答案：ABC

解析：数字类型、日期类型都可以作为排序的依据，笔画和拼音在高级排序中也可以作为排序的依据。

三、判断题

1. MATCH 属于查找与引用函数。（　　）

答案：正确

解析：查找与引用函数包括 LOOKUP、INDEX、MATCH 等。

2. COUNT 用于计算包含数字的单元格以及参数列表中数字的个数。（　　）

答案：正确

解析：COUNT 属于统计函数，用于计算包含数字的单元格以及参数列表中数字的个数。

3. 求工作表中 A1 到 A3 单元格中数据的和，可用＝SUM(A1,A3)。（　　）

答案：错误

解析：公式 SUM(A1,A3)计算的是单元格 A1 与 A3 的和。

4. 如果要使复制公式时数据源的位置不发生改变，应当使用相对引用。（　　）

答案：错误

解析：如果要使复制公式时数据源的位置不发生改变，应当使用绝对引用。

5. 在使用函数进行运算时，如果不需要参数，则函数后面的括号可以省略。（　）

答案：错误

解析：一个函数名后面必须跟一对圆括号，函数参数可以没有。

6. 在公式中使用圆括号可以改变运算的优先顺序。（　）

答案：正确

解析：为了改变运算优先顺序，应将公式中需要最先计算的部分使用一对左右圆括号。

7. TODAY()函数可以返回系统当前的日期和时间。（　）

答案：错误

解析：NOW()函数可以返回系统当前的日期和时间。

8. 在 Excel 中输入 1/3，定位光标后直接输入就可以了。（　）

答案：错误

解析：如果直接在单元格中输入 1/3，确认后，单元格默认的是 1 月 3 日。如果想要输入分数，可以先将单元格的格式设置为“分数”类型，再进行输入。

9. 输入真分数时，需在数字前加 0 和空格，否则会被当成日期类型。（　）

答案：正确

解析：输入真分数时，应在前面用 0 和一个空格引导。

10. 使用 F9 键可以查看公式中运算体的运算结果。（　）

答案：正确

解析：选中公式中需要查看其运算结果的运算体和运算符，按 F9 键后，被选中的内容将转换为运算结果。

11. 在 Excel 中，关系运算符的运算结果是 TRUE 或 FALSE。（　）

答案：正确

解析：运算结果要么是 FALSE，要么是 TRUE，FALSE 和 TRUE 属于逻辑值，逻辑值就是一种数据类型。

12. 单元格绝对引用的标示符号是 &。（　）

答案：错误

解析：单元格的绝对引用通过在行标和列标前加一个美元符号“$”来表示。

13. 在 Excel 中手工输入公式的步骤是：①应选中要输入的单元格；②在其中输入“=”；③输入公式的内容；④按 Enter 键确定输入的内容。（　）

答案：正确

解析：略

14. 函数 AVERAGE(25,38,49,123)的结果是 58.75。（　）

答案：正确

解析：本题考查的是 Excel 函数运用的相关知识点，AVERAGE 是平均的意思，所以也就是(25＋38＋49＋123)/4＝58.75。

15. 在 Excel 中，公式总是以等号(＝)开始，以运算体结束，相邻的两个运算体之间必须采用能够正确表达二者运算关系的运算符号进行连接。（　）

答案：正确

解析：在 Excel 中，公式总是以等号(＝)开始，以运算体结束，相邻的两个运算体之间必须采用能够正确表达二者运算关系的运算符进行连接。

16. 跨工作表单元格引用时,必须加上工作表名和“!”号。( )

答案:正确

解析:本题考核跨工作表单元格引用的格式,跨工作表单元格引用时,必须加上工作表名和“!”号。

17. 函数 YEAR(2006-6-14)的返回值为 2006。( )

答案:正确

解析:YEAR 函数可以返回某一特定时间的年份,返回值为 1900 到 9999 之间的整数。YEAR 函数的语法是:YEAR(serial_number),所以函数 YEAR(2006-6-14)的返回值为 2006。

18. Excel 默认使用的单元格引用是相对引用。( )

答案:正确

解析:Excel 默认使用的单元格引用是相对引用。

19. 运算体是指能够运算的数据或数据所在单元格的地址名称、函数等。( )

答案:正确

解析:本题考查的是“运算体”的概念,运算体是指能够运算的数据或者数据所在单元格的地址名称、函数等。

20. 为了使复制公式时数据源的位置不发生改变,应当使用相对引用。( )

答案:错误

解析:如果要使复制公式时数据源的位置不发生改变,应当使用绝对引用。

21. 如果 B1="电算化考试",则公式 MID(B1,2,3)="算化考"。( )

答案:正确

解析:MID(B1,2,3)表示返回从第 3 个字符后的两个字符。所以 MID(B1,2,3)="算化考"。

第四节　数据清单及管理分析

一、单选题

1. 退出自动筛选状态的方法是( )。

A. Excel 2003 中,选取数据菜单中的“筛选”命令,再选取“全部显示”子命令

B. Excel 2003 中,选取数据菜单中的“筛选”命令,再选取“撤销筛选”子命令

C. Excel 2003 中,选取数据菜单中的“筛选”命令,再选取“自动筛选”子命令

D. Excel 2003 中,单击字段名右下角的下拉箭头按钮,在下拉列表中选择“全部”选项

答案:C

解析:选项 A 可以显示原来的全部记录,但不退出筛选状态;选项 B 在“数据”→“筛选”命令下,没有“撤销筛选”的子命令;选项 D 取消的是对某一列进行的筛选。

2. 在 Excel 中选取“自动筛选”命令后,在清单上的( )出现了下拉式按钮图标。

A. 字段名处

B. 所有单元格内

C. 空白单元格内

D. 底部

答案：A

解析：通过筛选数据清单可以只显示满足条件的数据行，隐藏其他行。执行自动筛选后，在清单上的字段名右下角出现一个自动筛选箭头。

3. 下列说法中，正确的是(　　)。

A. 自动筛选需要事先设置筛选条件

B. 高级筛选不需要设置筛选条件

C. 进行筛选前，无须对表格先进行排序

D. 自动筛选前，必须先对表格进行排序

答案：C

解析：进行筛选不需要先进行排序工作，自动筛选不需要设置筛选条件，而高级筛选需要进行设置筛选条件。

4. 根据特定数据源生成的、可以动态改变其版面布局的交互式汇总表格是(　　)。

A. 数据透视表

B. 数据的筛选

C. 数据的排序

D. 数据的分类汇总

答案：A

解析：数据透视表是根据特定数据源生成的，可以动态改变其版面布局的交互式汇总表格。

5. 将数据添加到已有图表中的方法之一是(　　)。

A. 在嵌入图表的工作表中选定想要添加的数据，用编辑菜单中的"复制"和"粘贴"命令添加到已有的图表中

B. 在嵌入图表的工作表中选定想要添加的数据，然后将其直接拖放到嵌入的图表中

C. 先用插入菜单中的"图表"命令，选择要添加的数据，再将数据添加到已有的图表中

D. 在嵌入图表的工作表中选定想要添加的数据，用插入菜单中的"图表"命令将数据添加到已有的图表中

答案：B

解析：本题考核图表的操作。

6. 在Excel中，在选择了内嵌图表后，改变它的大小的方法是(　　)。

A. 按"＋"号或"－"号

B. 用鼠标拖拉它的边框

C. 按"↑"键或"↓"键

D. 用鼠标拖拉图表边框上的控制点

答案：D

解析：本题考核图标的局部操作。

7. 在 Excel 2003 中，退出自动筛选状态的方法是(　　)。

A. 选取数据菜单中的“筛选”命令，再选取“全部显示”子命令

B. 选取数据菜单中的“筛选”命令，再选取“撤销筛选”子命令

C. 选取数据菜单中的“筛选”命令，再选取“自动筛选”子命令

D. 单击字段名右下角的下拉箭头按钮，在下拉列表中选择“全部”选项

答案：C

解析：在 Excel 2003 中，执行了筛选操作以后，不符合筛选条件的记录都被隐藏，要恢复显示所有的记录，可用以下几种方法：①再次执行“数据”→“筛选”→“自动筛选”(或“数据”→“筛选”)命令，即可退出自动筛选功能。②在 Excel 2003 中，执行“数据”→“筛选”→“全部显示”子命令，可以显示原来的全部记录，但不退出筛选状态。③单击该列字段右下角的自动筛选箭头，选择“全部”选项，取消对某一列的筛选。

8. 在 Excel 中，“排序”对话框中的“升序”和“降序”指的是(　　)。

A. 排列次序

B. 数据的大小

C. 数据的值域

D. 单元格的数目

答案：A

解析：在 Excel 中，“排序”对话框中的“升序”和“降序”指的是排列次序。

9. 用户在 Excel 电子表格中对数据进行排序操作时，选择数据菜单中的“排序”命令，在“排序”对话框中必须指定排序的关键字为(　　)。

A. 第三关键字

B. 第二关键字

C. 主要关键字

D. 第一关键字

答案：C

解析：选择数据区域进行排序时，单击“数据”选项下的“排序”，系统会提示排序的主要依据，即“主要关键字”所在的列或者行，然后根据需要添加“次要关键字”，最后按“确定”按钮完成排序工作。

10. 在 Excel 中，数据表的列标题作为数据库的(　　)。

A. 字段

B. 记录

C. 标题行

D. 字段名

答案：D

解析：在 Excel 中，数据表的列标题作为数据库的字段名。

11. 在 Excel 中，用筛选条件“数学＞80 与总分＞460”对考生成绩数据表进行筛选后，在筛选结果中显示的是(　　)。

A. 所有数学＞80 且总分＞460 的记录

B. 所有总分＞460 的记录

C. 所有数学＞80 的记录

D. 所有数学＞80 或者总分＞460 的记录

答案：A

解析：本题要筛选数学成绩大于 80 并且总分大于 460 的记录，所以 A 选项是对的。

12. Excel 的数据菜单中没有的选项是(　　)。

A. 排序

B. 分类汇总

C. 筛选

D. 插入图表

答案：D

解析：Excel 的数据菜单中不包括的选项是插入图表。

13. 在 Excel 中，用来对记录进行统计分析的“分类汇总”命令所在的菜单是(　　)。

A. 格式

B. 数据

C. 编辑

D. 工具

答案：B

解析：在 Excel 中，数据是用来对记录进行统计分析的“分类汇总”命令所在的菜单。

14. 数据的排序是指在数据清单中，针对某些列的数据，通过数据菜单或功能区中的“排序”命令来重新组织(　　)的顺序。

A. 光标所在的列

B. 光标所在的行

C. 数据库清单所在的行

D. 数据库清单所在的列

答案：C

解析：数据的排序是指在数据清单中，针对某些列的数据，通过数据菜单或功能区中的“排序”命令来重新组织行的顺序。

二、多选题

1. 通过数据透视表可以完成数据清单的(　　)。

A. 求和

B. 查找

C. 汇总

D. 筛选

答案：ABCD

解析：数据透视表有机地综合了数据、筛选、分类汇总等数据分析的优点，可方便地调整分类汇总的方式，灵活地以多种不同方式展示数据的特征。

2. 关于数据透视表的更新，下面说法中不正确的是(　　)。

A. 数据透视表会自动更新

B. 可选取“数据透视表工具”中的“刷新”按钮

C. 可选取“数据透视表工具”中的“更改数据源”按钮

D. 右击数据透视表选择快捷菜单中的“刷新”按钮

答案：AC

解析：通过数据透视表中的刷新按钮可进行数据透视表的更新。

3. 数据的高级筛选中，在设置筛选条件时，说法正确的有(　　)。

A. 同一行表示“或”的关系

B. 不同行表示“或”的关系

C. 同一行表示“与”的关系

D. 不同行表示“与”的关系

答案：BC

解析：高级筛选设置的筛选条件，几个条件在同一行上是“与”的关系，在不同行上是“或”的关系。

4. 在 Excel 2013 中，数据透视表中值的显示方式有(　　)。

A. 无计算

B. 百分比

C. 升序排列

D. 降序排列

答案：ABCD

解析：在 Excel 2013 中，可通过右击数据透视表的“计数项”单元格，在“值显示方式”菜单中显示值的显示方式包括无计算、百分比、差异、指数等。

5. 通过记录单处理记录的优点有(　　)。

A. 界面直观，操作简单

B. 减少数据处理时行列位置的来回切换

C. 避免输入错误

D. 特别适用于大型数据清单中记录的核对、添加、查找、修改或删除

答案：ABCD

解析：通过记录单记录的优点主要有：界面直观，操作简单，减少数据处理时行列位置的来回切换，避免输入错误，特别适用于大型数据清单中记录的核对、添加、查找、修改或删除。

6. 下列属于数据透视表构成要素的有(　　)。

A. 页字段

B. 行字段

C. 列字段

D. 数据项

答案：ABCD

解析：数据透视表的布局框架由页字段、行字段、列字段和数据项等要素构成，可以通过需要选择不同的页字段、行字段、列字段，设计出不同结构的数据透视表。

7. 为了建立数据透视表，可以采用(　　)。

A. Excel 2003 中，选取数据菜单中的数据透视表和数据透视图

B. Excel 2003 中，选取插入菜单中的数据透视表命令

C. Excel 2013 中，选取数据功能区的数据透视表和数据透视图

D. Excel 2013 中，选取插入功能区的数据透视表

答案：AD

解析：本题考核数据透视表插入的操作。

8. 在 Excel 中，“数据排序”的“选项”对话框内容包括(　　)。

A. 区分大小写

B. 排序方向

C. 排序方法

D. 排序次序

答案：ABCD

解析：略

9. Excel 中可以将同一组数据改变成不同类型的图表(　　)。

A. 面积图

B. 三维图

C. 折线图

D. 柱形图

答案：ABCD

解析：略

10. 表格的标题为“销售汇总”，如果希望标题位于中间也能自动居中，下面正确的操作方法有(　　)。

A. 设置“合并及居中”

B. 在表格中间的某个单元格输入标题并设置

C. 设置“跨列居中”的对齐方式

D. 设置“分散对齐”的对齐方式

答案：AC

解析：略

11. 数据清单与工作表相比，具有(　　)特征。

A. 第一行是字段名

B. 每列数据具有相同的性质

C. 不存在全空的列

D. 不存在全空的行

答案：ABCD

解析：本题考核数据清单的特征。

12. 有关排序的说法不正确的是(　　)。

A. 只有数字类型可以作为排序的依据

B. 只有日期类型可以作为排序的依据

C. 笔画和拼音不能作为排序的依据

D. 排序规则有升序和降序

答案：ABC

解析：数字类型、日期类型都可以作为排序的依据，笔画和拼音在高级排序中也可以作为排序的依据。

13. 下列各 Excel 工作表的数据操作能通过数据菜单中的命令完成的操作有(　　)。

A. 排序

B. 分类汇总

C. 筛选

D. 求和

答案：ABC

解析：在数据菜单中可以执行排序、筛选、分类汇总、插入图表和数据透视表等数据管理和分析功能。

14. 在 Excel 中可以通过记录单完成的操作有(　　)。

A. 输入新记录

B. 查找单元格

C. 修改特定记录

D. 删除特定记录

答案：ABCD

解析：略

15. 在 Excel 中，能实现管理数据功能的操作有(　　)。

A. 内置函数

B. 分类汇总

C. 运用运算公式

D. 排序与筛选

答案：ABCD

解析：用户通过 Excel 不仅可以利用计算机自动、快速地对工作表中的数据进行检索、排序、筛选、分类、汇总等操作，还可以运用运算公式和内置函数对数据进行复杂的运算和分析。

16. 在 Excel 中的筛选功能分为(　　)。

A. 自动筛选

B. 高级筛选

C. 条件筛选

D. 自定义筛选

答案：AB

解析：在 Excel 中的筛选功能分为自动筛选和高级筛选。

17. 关于构建数据清单的要求，下列表述中正确的有(　　)。

A. 列标志应位于数据清单的第一行

B. 尽量在一张工作表上建立一个数据清单

C. 可以在数据清单中间放置空白的行或列

D. 同一列中各行数据项的类型和格式应当完全相同

答案：ABD

解析：为了使Excel自动将数据清单当作数据库，构建数据清单的要求主要有：列标志应位于数据清单的第一行，用以查找和组织数据、创建报告；同一列中各行数据项的类型和格式应当完全相同；避免在数据清单中间放置空白的行或列，但需将数据清单和其他数据隔开时，应在它们之间留出至少一个空白的行或列；尽量在一张工作表上建立一个数据清单。

三、判断题

1. 数据透视表是根据特定数据源生成的，可以动态改变其版面布局的交互式汇总表格。(　　)

答案：正确

解析：本题考核数据透视表的概念。

2. 在Excel中，假定存在一个数据库工作表，内含系科、奖学金、成绩等项目，现要求计算各系科发放的奖学金总和，则应先对系科进行排序，然后执行"数据"→"分类汇总"命令。(　　)

答案：正确

解析：进行分类汇总先执行排序工作。

3. 单击分类汇总工作表窗口左边的分级显示区中的按钮"1"，实现的功能是显示列表中所有的详细数据。(　　)

答案：错误

解析：单击分类汇总工作表窗口左边的分级显示区中的按钮"1"，实现的功能是只显示列表中列标题和总计结果。

4. 对经过筛选后的数据清单进行二次筛选时，之前的筛选结果仍然保留。(　　)

答案：错误

解析：对经过筛选后的数据清单进行二次筛选时，之前的筛选将被清除。

5. 如果要取消对记录单中当前记录所做的任何修改，只要单击"还原"按钮，即可还原为原始的数值。(　　)

答案：正确

解析：本题考核记录单的编辑操作。

6. 数据的分类汇总之前，必须要按分类的依据进行汇总。(　　)

答案：正确

解析：略

7. 数据清单中的每一列为一个字段，每一行为一个记录。(　　)

答案：正确

解析：数据清单中的每一列为一个字段，存放相同类型的数据。每一行为一个记录，存放相关的一组数据。

8. 图表只能和数据源放在同一个工作表中。(　　)

答案：错误

解析：图表可以引用其他工作表中的数据，单独存放。

9. 在Excel 2003中，在图表上单击要删除的数据系列，选择编辑菜单中的"清除"命令

的“系列”子命令可以删除图表中的数据系列。(　　)

答案：正确

解析：本题考核图表数据系列的操作。通过在图表中单击要删除的数据系列，然后按 Delete 键或者右击图表中要删除的数据系列，选择快捷菜单中的“清除”命令也可以删除图表中的数据系列。

10. 记录单又称数据记录单，是快速添加、查找、修改或删除数据清单中相关记录的窗口。(　　)

答案：错误

解析：记录单又称数据记录单，是快速添加、查找、修改或删除数据清单中相关记录的对话框。

11. 在 Excel 中，用户可以根据一列或数列中的数值对数据清单进行排序。(　　)

答案：正确

解析：略

12. 在 Excel 中，如要解除自动筛选，恢复原来的数据清单，可在“筛选”命令的下一级子菜单中选择“全部显示”命令。(　　)

答案：正确

解析：在 Excel 中，如要解除自动筛选，恢复原来的数据清单，可在“筛选”命令的下一级子菜单中选择“全部显示”命令。

13. 在 Excel 中，数据透视表能够根据更改后的原始数据或数据源来刷新计算结果。(　　)

答案：正确

解析：数据透视表不仅能够按照变化后的版面布局自动重新计算数据，而且能够根据更改后的原始数据或数据源来刷新计算结果。

14. 在 Excel 中，对数据进行分类汇总计算时需要先对工作表数据进行排序。(　　)

答案：正确

解析：在 Excel 中，对数据进行分类汇总计算时需要先对工作表数据进行排序。

15. 数据清单中的每一列的数据属性可以不同。(　　)

答案：错误

解析：同一列中各行数据项的类型和格式应当完全相同

16. Excel 不能对字符型的数据排序。(　　)

答案：错误

解析：Excel 能对字符型的数据排序。在 Excel 中，不可进行排序的是函数名。

17. 在 Excel 中，数据筛选有两种筛选方式：快速筛选与高级筛选。(　　)

答案：正确

解析：数据筛选方式有快速筛选和高级筛选。

18. 快速筛选一般用于条件复杂的筛选，筛选时将不满足条件的数据暂时隐藏起来，只显示符合条件的数据。(　　)

答案：错误

解析：快速筛选一般用于简单条件的筛选，筛选时将不满足条件的数据暂时隐藏起来，

只显示符合条件的数据。

19. 数据清单是一种包含一列行标题和多列数据且每列同行数据的类型和格式完全相同的 Excel 工作表。(　　)

答案:错误

解析:数据清单是一种包含一行列标题和多行数据且每行同列数据的类型和格式完全相同的 Excel 工作表。